MARCO POLO

Camper Guide

Portugal

Insider-Tipps

Für deine Wohnmobil-Touren

in Zusammenarbeit mit

Katharina Körfgen

Inhalt

Das Beste zuerst

Insider-Tipp

- Serviceangaben
- Parkplatz
- Fototipp
- Hunde willkommen
- kinderfreundlich
- schöne Lage
- € – €€€ Preiskategorien

Planen – Packen – Losfahren

Hol dir den Soundtrack zum Urlaub auf **Spotify** unter **MARCO POLO Portugal**

Die besten Touren durch Portugal

Best of Campingplätze

OHNE STOPOVER

Diese Treppe führt vom Costa Nova Camping in Aveiro direkt durch die Dünen zum Strand

1 *Für Surfer und alle, die es werden wollen*

Der Campingplatz **Ericeira Camping** ist ein Traum für alle Meerliebhaber, denn er liegt in zentraler Lage an einer Vielzahl von tollen Stränden, an denen man vor allem eins kann: surfen! Unter duftenden Pinienbäumen und mit vielen netten, gleichgesinnten Nachbarn kannst du es dir auf dem Campingplatz so richtig gut gehen lassen, bevor du dich mit deinem Surfbrett in die Fluten stürzt. ▶ S. 89

2 OFFLINE MIT MEERBLICK ENTSPANNEN

Auf dem Campingplatz **Camping Ingrina** kannst du mal so richtig abschalten – und zwar im wahrsten Sinne des Wortes, denn der Platz verzichtet bewusst auf einen WLAN-Zugang. Die Seele baumeln lassen, vom Camper den Blick auf das Meer genießen und die wilde Natur rund um den Platz erkunden, ganz ohne Medienstress. Stattdessen kann man social networking analog betreiben. ▶ S. 129

3 NATURCAMPING FÜR OUTDOORFREAKS

Auf dem ruralen, aber modernen Campingplatz **Ermida Gerês** im Peneda-Gerês-Nationalpark schlagen Sportler- und Naturfreundeherzen höher: Ob Mountainbiken, Wandern oder Klettern, hier gibt es viele Möglichkeiten, sich in der Natur zu verausgaben. Und im Anschluss stehen mehrere Barbecueplätze bereit! ▶ S. 37

4 *Zwischen Meer und Lagune*

Wenn du deinen Blick nach vorne richtest, liegen Meer und Strand in ihrer ganzen Schönheit vor dir. Drehst du dich um, breitet sich die Lagune vor dir aus. Der große und schön begrünte Campingplatz **Costa Nova** punktet mit dieser Traumlage zwischen Meer und See vor der Küste von Aveiro. ▶ S. 59

5 *Camperfreuden im Einklang mit der Natur*

Eingebettet in den Naturpark Südwest-Alentejo und Costa Vicentina bietet der **Parque Campismo da Ilha do Pessegueiro** einen Aufenthalt im Einklang mit der natürlichen Schönheit der Region. Modern und umweltfreundlich geht es hier zu: Eine effiziente Trinkwasserbewirtschaftung und eine biologische Kläranlage, die Nutzung von Solarenergie und die Abfallentsorgung aus mehreren Recyclingbehältern unterstreichen die Tatsache, dass sich hier außer um die Gäste auch um die Natur gekümmert wir. Und dabei muss auf nichts verzichtet werden: Vom Camper aus genießt man einen weiten Blick bis zur Ilha do Pessegueiro, zieht im großen Pool seine Bahnen oder springt am nahen Strand direkt in die Fluten. ▶ S. 121

Entdecke Portugal

SÜDSEEFEELING

Mit einer Traumlage punktet Vila Nova de Milfontes an der Mündung des Rio Mira ins Meer

Langsam dringt das Rauschen der Wellen in dein Bewusstsein, die ersten Sonnenstrahlen bahnen sich durch die Vorhänge den Weg in dein Gesicht. Du öffnest die Tür deines Campers und siehst rostrote steile Klippen und das azurblaue Meer vor dir. Am knallblauen Himmel ziehen ein paar Möwen ihre Kreise. Die Luft riecht nach Salz und Freiheit. Eine Welle nach der anderen rollt auf den langen Sandstrand und die ersten Surfer bevölkern schon das Wasser. Du lässt es allerdings erst mal langsam angehen und kochst dir einen leckeren Kaffee, bevor ein neuer abenteuerlicher Entdeckungstag in Portugal startet. So fühlt sich Glück an!

EIN LANDSCHAFTLICHER ALLESKÖNNER

Kleine Buchten, lange Sandstrände, rostrote Felsklippen, tosende Wellen, türkisfarbenes Meer, duftende Pinien- und Eukalyptuswälder, Berge und sprudelnde Bäche – das alles ist Portugal! Die landschaftliche Vielfalt ist einzigartig und das, obwohl man das Land in rund sechs Stunden von Nord nach Süd durchfahren kann. Wer denkt, dass die Landschaft im Süden Europas vor allem karg und bescheiden ist, der hat sich auf jeden Fall noch nicht gründlich umgesehen. Während der Norden von dichtem Grün überzogen ist, mit abenteuerlichen Nationalparks und wunderbarem Wein auf sich aufmerksam macht, überzeugt das Hinterland mit einer Berglandschaft, die Wanderfreunde glücklich stimmt. Weiter südlich bestimmen Kiefern und Korkbäume auf sandig-trockenem Boden das Landschaftsbild, nicht zu vergessen die Palmen – immer ein guter Indikator für das Ferienglücksbarometer.

Sprachtalente

Wenn man in einem Supermarkt, einer Tankstelle oder einem Restaurant „Do you speak English?" fragt, ist die Wahrscheinlichkeit hoch, dass man die Antwort „a little bit" erhält. Tatsächlich sprechen die Portugiesen mehr als nur „ein bisschen" Englisch, nämlich durchweg ziemlich gut. Und das altersunabhängig, denn selbst ältere Herren und Damen können sich gut auf Englisch unterhalten.

DER TRAUM ALLER SHOPPINGQUEENS

Sonntags Lebensmittel einkaufen oder eine kleine Shoppingtour starten? In Portugal haben fast alle Geschäfte auch am siebten Wochentag geöffnet! Ob Supermärkte oder Bekleidungsläden, geshoppt wird, wann es passt. Selbst vor Feiertagen machen die großen Supermärkte keinen Halt. Besonders gerne wird in riesigen Malls nach der neusten Fashion Ausschau gehalten.

Meeresglück

Portugal und das Meer, das ist eine Liebesgeschichte! Auf einer Küstenlänge von rund 1700 Kilometern trifft der Atlantische Ozean auf das Land, mal ruhig und friedlich, mal tosend und laut. In den kleinen Küstendörfern bestimmen die Gezeiten das Leben der Bevölkerung. Was die Strände betrifft, scheint es fast, als würde Portugal einen Wettbewerb um den schönsten Strand gewinnen wollen. An jeder Ecke erstreckt sich ein Sandmeer mit einem anderen Gesicht, eins schöner als das andere: kleine, von Klippen umsäumte Buchten, kilometerlange Traumsandstrände. Aber das Meer lädt nicht nur zum Baden ein, sondern auch zum Nationalsport, dem Surfen, oder zum Kiten. Rein in die Fluten oder ab ans Meer zum Chillen!

AUF EINEN BLICK

10,6 Mio.
Einwohner
[Baden-Württemberg 11,02 Millionen]

92.212 km²
Fläche
[Bayern 70.550,19 km²]

> 3000
Sonnenstunden pro Jahr an der Algarve
[Hamburg 1.895]

1.793 km
Küstenlinie
[entspricht in etwa der Entfernung von Berlin nach Madrid]

DER
Eukalyptus-baum
MACHT DEN GRÖSSTEN ANTEIL DER WÄLDER AUS

Cabo de São Vicente
IST DER SÜDWESTLICHSTE PUNKT EUROPAS

Douro-Tal
eines der ältesten und schönsten Weinanbaugebiete Europas

Ø 6 Jahre
LEBEN FRAUEN HIER LÄNGER ALS MÄNNER

Lissabon
IST ÄLTER ALS ROM

Familie über alles

Familienleben wird in Portugal großgeschrieben und Großmütter und Mütter genießen einen großen Stellenwert. Besonders am Wochenende steht das wöchentliche Familientreffen an erster Stelle. Man kocht und isst zusammen, der neuste Klatsch und Tratsch wird ausgetauscht, Nachbarn und Freunde stoßen hinzu und alle verbringen schöne gemeinsame Stunden.

Sonne satt im Süden

An der Algarve scheint es, als würde die Sonne nie eine Pause einlegen. Mit rund 3000 Sonnenstunden im Jahr können sich Sonnenliebhaber wirklich nicht beschweren. Selbst in den Wintermonaten von Dezember bis Februar beträgt die Durchschnittstemperatur 16 °Celsius. Im Juli und August gibt die Sonne mit rund 12,8 Stunden am Tag richtig Gas.

BUNTE KACHELN OHNE ENDE

Typisch portugiesisch: Verwinkelte, enge Gassen, weiße Hausfassaden mit blau umrahmten Fenstern und kleine Balkone, an denen Wäsche zum Trocknen hängt. Ebenfalls typisch portugiesisch: die vielen bunten Kacheln, die sogenannten Azulejos, die sämtliche Hausfassaden schmücken. Azulejos haben eine lange Tradition in Portugal, die bis in 13.Jh. zurückgeht. Heutzutage sind sie heiß begehrt, sogar so begehrt, dass die Kacheln nicht selten in Nacht- und Nebelaktionen von den Hausfassaden abgeschlagen und teuer verkauft oder einfach als Mitbringsel behalten werden. So kommt es, dass in einigen Straßen Lissabons bunt gekachelte Hausfassaden Löcher tragen, an denen sich bereits Kacheldiebe bedient haben. Klassischerweise zeichnet die handbemalten Azulejos ein weiß-blaues Muster aus. Augen auf und Ausschau nach den schönsten Kacheln halten!

GESCHICHTE LIVE

Am Bahnhof von Aveiro stellen die Azulejos anschaulich portugiesische Geschichte dar

Essen & Trinken

LIEBESBEZIEHUNG

Meeresfrüchte und viele andere Leckereien genießt man in Portugal gerne mit Familie und Freunden

Die portugiesische Küche ist nicht nur cremige Pastel de Nata zu allen Tageszeiten, köstlicher Bacalhau, Sardinen und Meeresfrüchte in allen Varianten, ein sündhaft ungesunder Tosta Mista und ein Glas schwerer Portwein, sondern ein Zusammenkommen von Familie und Freunden. Wenn man sich mit seinen Liebsten an einem Tisch versammelt, dann spürt man das besondere Flair Portugals und den Zusammenhalt der Familie. Wundern sollte man sich nicht über den Weindurst, denn was gerne ab mittags auf dem Tisch steht, ist nicht nur ein Glas Wein, sondern gleich eine ganze Flasche – so geht Lebensstil.

Willkommen im Land der Spätesser

Wenn wir hierzulande für gewöhnlich ab 18 Uhr mit dem Abendessen beginnen, veschwendet der Portugiese noch keinen Gedanken daran. In Portugal ticken die Uhren bei Essenszeiten etwas anders. Vor allem das Abendessen findet außergewöhnlich spät statt und so öffnen die meisten Restaurants erst ab 19 Uhr. Auch 22 Uhr, wenn die Sonne untergegangen ist und die Temperatur sich abkühlt, ist keine ungewöhnliche Zeit, um sich an den Herd zu stellen. Zum Abendessen, auf Portugiesisch *jantar*, wird etwas Deftiges wie Fleisch oder Fisch mit Gemüse, Reis und Kartoffeln aufgetischt. Ob es nun gesund ist, so spät abends noch etwas Warmes zu essen, sei dahingestellt: andere Länder, andere Sitten. Vorteilhaft ist auf jeden Fall eine meist freie Platzwahl im Restaurant vor 20 Uhr.

Es ist Zeit zum Snacken

Der Tag startet mit einem Frühstück, dem *pequeno almoço*. Man holt sich eine Kleinigkeit aus der Bäckerei von nebenan – ein paar Kekse, ein Brioche oder ein mit Schinken und Käse belegter Toast, der *tosta mista*. Dazu einen Espresso. Aber aufgepasst, denn in Portugal bezeichnet der Espresso das, was man in Deutschland Kaffee nennt. Bestellt man also einen Kaffee, bekommt man einen Espresso. Wer gerne Milchkaffee trinkt, ist mit einem *galao* bestens versorgt. Vor dem Mittagessen snackt man durchaus noch einmal eine kleine Süßigkeit aus der Bäckerei. Portugiesen lieben Snacks, die sogenannten *petiscos*, die Tapas ähneln und zu jeder Tageszeit gegessen werden. Zum Mittagessen, dem *almoço*, kommt etwas Warmes wie Fleisch, Fisch, Kartoffeln, Reis oder Gemüse auf den Tisch. Zwischen dem Mittagessen und dem Abendessen gibt es dann gerne wieder ein paar *petiscos*. Snacken wird in Portugal übrigens *lunchar* genannt.

JEDER TAG IST MARKTTAG

Dunkelrote Kirschen, saftige Nektarinen, süße Erdbeeren, grüner Salat, fangfrischer Fisch, Nüsse, Brot oder bunte Blumen – ein Besuch auf dem lokalen Markt ersetzt fast einen kompletten Supermarkteinkauf. In Portugal finden Märkte üblicherweise in einer Markthalle und das in der Regel sechs Tage die Woche statt. Vor allem samstags ist der Markt ein beliebter Treffpunkt, um den Wocheneinkauf zu erledigen und den neuesten Klatsch und Tratsch auszutauschen.

Pommesfans ab nach Portugal

Die Portugiesen scheinen ihre *batatas fritas* wirklich zu lieben, denn kaum ein Gericht wird ohne serviert. Zu Fisch, Fleisch oder Gemüse, Pommes passen immer. Besonders gerne werden die frittierten Kartoffelstäbchen mit einer Portion Reis auf dem Teller kombiniert.

MENÜKARTE

Vorspeisen

Azeitonas Oliven

Pão com azeite Weißbrot mit portugiesischem Olivenöl

Salado de Polvo Tintenfischsalat

Hauptgerichte

Bitoque Steak mit einem Spiegelei, Pommes Frites und Salat

Caldeirada de Peixe Portugiesischer Fischeintopf

Bacalhau à Lagareiro Gerösteter Kabeljau mit Kartoffelpüree gratiniert

Desserts

Pastel de Nata Blätterteigtörtchen mit einer süßen Crèmefüllung

Salame de chocolate Kekse und Schokolade in Salamiform

Getränke

Vinho Verde Weißwein aus der Douro-Tal-Region

Vinho Tinto Alentejo Rotwein aus dem Alentejo Anbaugebiet im Süden des Landes

Vinho do Porto Traditioneller Süßwein

Café/Bica Espresso

Snacks

Tosta Mista Toast mit Käse & Schinken überbacken

Bifana Gewürztes Schweinefleischschnitzel in Weißbrot mit Senf oder Steaksauce

Queijo Fresco com Doce de Abóbora Mozzarella-ähnlicher Käse mit Kürbismarmelade

SO SÜSS KANN DAS LEBEN SEIN

Leckermäulchen aufgepasst, denn Portugals Bäckereien bieten süßes Gebäck bis zum Abwinken an. Neben der berühmten *pastel de nata* gibt es noch andere süße Köstlichkeiten wie *salame de chocolate,* Schokolade in Wurstform mit kleinen Keksstücken, oder Kekse mit Kokos, Mandeln und Zimt. Eine verrückte, aber perfekte Kombination geben die *pastel de feijão* ab: kleine runde Küchlein mit einer Füllung aus süßen Mandeln und herben Bohnen.

Suppe geht immer, auch im Sommer

Suppen stehen auf dem täglichen Speiseplan und werden selbst in kleinen Cafés und Imbissbuden für ein paar Euro angeboten. Meist bestehen sie aus saisonalem Gemüse, sind frisch gekocht und sehr schmackhaft. Ein Dauerbrenner ist die Kohlsuppe *caldo verde*.

Auf den Teller gehört Fleisch oder Fisch

Zum Abendessen gibt es entweder ein Stück saftiges Fleisch oder frischen Fisch mit einer Portion Gemüse und Reis! Die Portugiesen lieben beides gleichermaßen. Die Variationen gehen von Hühnchenfleisch *(frango)* über Rindfleisch *(carne de vaca)* bis hin zu Schweinefleisch *(carne de porco)*. Besonders gerne wird das Stück Fleisch durch ein Spiegelei gekrönt – das Ganze nennt sich dann *bitoque*. Bei der Fischauswahl liegen Meerbrasse *(sargo)*, Wolfsbarsch *(robalo)* und Sardinen ganz weit vorne. Vor allem letztere sind landesweit sehr beliebt, werden traditionell auf dem Grill zubereitet und dann mit der Hand ohne Besteck gegessen. Dafür vorsichtig die Haut abpellen und sich mit dem Mund langsam bis zu den Gräten vorarbeiten. Ist der obere Teil abgeknabbert, kann man das Skelett herausziehen und schon ist der Rest filetiert.

NATIONALGEBÄCK

Ohne *pastel de nata* mit köstlich cremiger Füllung funktioniert kein Portugalbesuch

Trend- & Funsport

WELLENBEZWINGER

Überall in Portugal kann man, wie hier in Ericeira, lernen, wie man auf den schmalen Brettern reitet …

Kitesurfen

Wann? Das ganze Jahr über

Wo? 1 Std. nördlich von Lissabon, an der Lagune von Óbidos, liegt der ideale Kitesurfspot: Konstanter Wind, flaches Wasser und viele Kitesurfjunkies verwandeln die Lagune in ein Surfparadies.

Wie? Professionelle Kitesurfschulen wie Kite Control, Privat Kite oder Óbidos Lagoon Sail School bieten vom Einsteiger- bis zum Fortgeschrittenenkurs Trainingseinheiten für jedes Level an und verleihen auch Material.

Klettern

Wann? Ganzjähriges Vergnügen

Wo? Rund 40 Min. von Lissabon liegt der Naturpark Sintra-Cascais, wo man über 40 Kletterspots für jedes Level und jede Vorliebe findet. Auch Kletterspots an den Klippen direkt am Meer sind mit dabei.

Wie? Mehrere Kletterschulen wie Sintra Climbing Tours, Salty Way oder The Lodge Portugal kennen für jedes Level genau die richtigen Routen und haben die passende Ausrüstung vor Ort.

Mountainbiken

Wann? Im Herbst, Winter und Frühling; Juli und August sind mit ca. 30 °Celsius in der Regel zu heiß.

Wo? Die Klippen an den Küsten und das bergige Hinterland der Algarve bieten zahlreiche Trails mit einer atemberaubenden Kulisse – ob Biken mit Strandpanorama rund um Albufeira oder einsame Radwege der Bergkette Serra de Monchique, in Portugal gibt es leere Pfade mit Spaßgarantie. Am besten eine geführte Tour mit einem Guide buchen, denn die Trails sind schwer zu finden.

Wie? An der Algarve findest du einige Mountainbiketouren-Anbieter wie MTB Algarve oder The Mountain Bike Adventure, bei denen man sich Bikes ausleihen und geführte Touren buchen kann.

Wellenreiten

Wann? Surfen kann man in Portugal 365 Tage im Jahr. Für Anfänger sind besonders die Sommermonate gut geeignet, da im Frühling, Herbst und Winter die Wellen größer sind.

Wo? Die lange Küste macht's möglich: Surfen geht überall! Die Surfhochburgen befinden sich rund um Lissabon mit der Costa Caparica, Ericeira und Peniche sowie an der Süd- und Westküste der Algarve wie Arrifana, Carrapateira oder Sagres.

Wie? An fast jedem Strand gibt es mindestens eine Surfschule, die Equipment hat und unterschiedliche Surfkurse anbietet – vom Schnupperkurs bis zum Surfkurs für Fortgeschrittene. Und falls du gleich tiefer einsteigen willst: Auch zahlreiche Surfcampswerden an der Küste veranstaltet.

BERGBEZWINGER

... und auf Mountainbikes erklimmt man das bergige Hinterland – wie hier in den Wäldern um Sintra

Die besten Touren durch Portugal

LEBENSGEFÜHL PUR

Eine Camperreise durch Portugal ist definitiv horizonterweiternd

Salty Souls

Alle Touren im Überblick

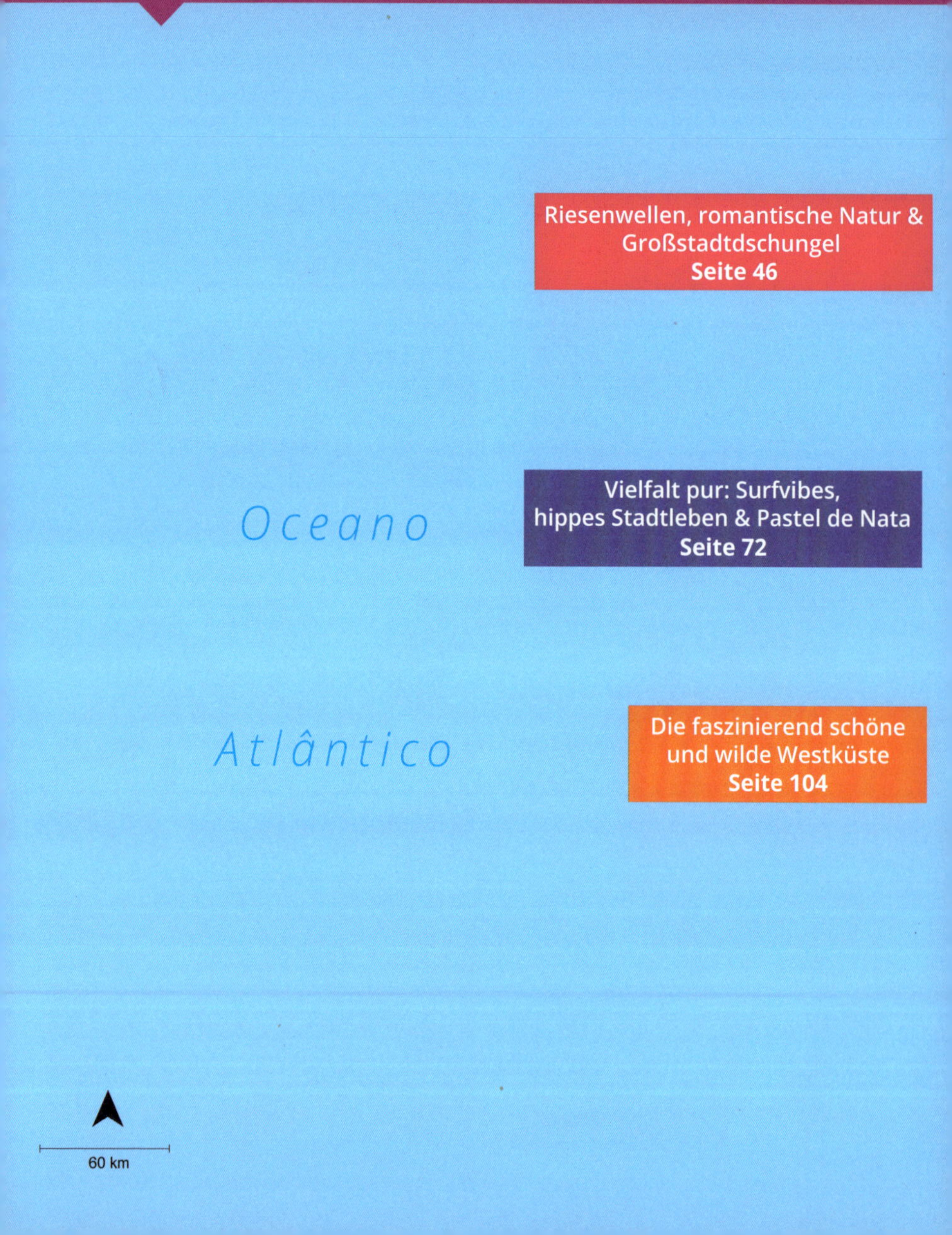

Oceano Atlântico

60 km

Nostalgische Städte und das grüne Douro-Tal
Seite 20
A Von Viana do Castello nach Porto
B Von Porto nach Nazaré
C Von Peniche nach Évora
D Von Lissabon nach Sagres
E Von Lagos nach Serpa
Baden, Entspannen und Entdecken im paradiesischen Süden
Seite 130
VIGO
OURENSE
A 3
1 Viana do Castelo
2 BRAGA
3 Vila Real
4 PORTO
5 AVEIRO
VISEU
España
A-62
6 Guarda
7 COIMBRA
Portugal
8 Nazaré
LEIRIA
9 Peniche
A-66
A 1
CÁCERES
10 Sintra
11 LISBOA
BADAJOZ
ÉVORA
13
MÉRIDA
12 Sesimbra
14 Comporta
15 Sines & Porto Covo
A 2
21 Serpa
16 Alentejo & Costa Vicentina
18
17 Sagres
Lagos
19 Faro
20 Tavira
HUELVA
A-49
SEVILLA
A-4
DOS HERMANAS

AUSZEIT

Am Lima-Fluss kann man auf dem Weg in den Peneda-Gerês-National-park entspannt rasten

Auf Erkundungstour im Hinterland & in Städten **Von Viana do Castelo nach Porto**

Städtefans aufgepasst! Auf dieser Tour geht es auf Expedition in große, kleine, moderne, historische, entspannte und lebendige Städte – aber eins haben alle gemeinsam: Großstadtgefühl mit der gewissen Portion Nostalgie. Für die perfekte Erholung zwischen den Citytrips sorgt Natur pur im Douro-Tal und das ein oder andere Gläschen Wein direkt vom lokalen Weingut. Startklar für portugiesisches Städtehopping mit Erholungsfaktor?

Tour A im Überblick

Tour-Highlights
Beim Canyoning den Parque Nacional Peneda-Gerês erkunden ▶ S. 31
Frisches Obst & Gemüse im Mercado Municipal kaufen ▶ S. 32
Über den Douro schippern und den Blick auf die Weinberge genießen ▶ 39
Im Lello-Buchladen auf Harry Potter Spurensuche gehen ▶ S. 44
2 Braga Seite 34
3 Vila Real & das Douro-Tal Seite 38
Guimarães
Amarante
Serra do Marão
España
Portugal
ALENÇA
Paredes de Coura
Arcos de Valdevez
Ponte da Barca
Terras de Bouro
Vila Verde
Caldelas
Santa Maria do Bouro
Amares
Vieira do Minho
Salto
Rossas
Montalegre
Boticas
Cabeceiras de Basto
Ribeira de Pena
Pedras Salgadas
Ponte
Brito
Joane
FAFE
Gandarela de Basto
Mondim de Basto
Cerva
Vila Pouca de Aguiar
VIZELA
FELGUEIRAS
REAMUNDE
razão
Vila Meã
REDES
Itar
PENAFIEL
Lordelo
Sanfins do Douro
Cumieira
Abragão
MARCO DE CANAVESES
Baião
PESO DA RÉGUA
pendorada
AG-31
A-52
EN 101
A 7
A 11
A 42
A 24
A 4
Ex-IP 4
10 km

Ⓐ Tourenverlauf

Start & Spot **1**

Viana do Castelo
Der perfekte Mix aus Stadt und Natur ▶ **S. 30**

24 km

Du beginnst die Tour vom wunderschönen Viana do Castelo aus und passierst zunächst die Ponte Eiffel und den Lima-Fluss. An diesem Punkt kann man einen letzten Panoramablick über die ganze Stadt erhaschen. Nachdem die Brücke überquert wurde, nimmst du die erste Ausfahrt am Kreisverkehr und folgst der N13. Nachdem auch der nächste Kreisverkehr an der ersten Ausfahrt verlassen wurde, fährt man auf die N13-3 auf. Dieser Straße folgst du zunächst durch ein Stück Pinienwald und dann durch die Dörfer Lordello, Castelo do Neiva, Sendim de Cima und Santiago. Hinter Santiago geht die N13-3 automatisch wieder in die N13 über. Auf der Nationalstraße fährst du durch die Dörfer Belinho und Marinhas, bis du schließlich in der Stadt Esposende landest.

Esposende

Die kleine Stadt liegt am Meer und ist vor allem für ihre wunderschönen Sandstrände bekannt. Trotzdem verirren sich nur wenige Touristen an diesen Ort, sodass du die Möglichkeit hast, in das typische Leben der Portugiesen einzutauchen. Esposende zählt noch zu den Geheimtipps unter den portugiesischen Kleinstädten und versprüht eine unglaublich positive und entspannte Energie. Der Ort vereint Beachfeeling pur für Wellenreiter, Wind- und Kitesurfer mit gemütlichem Kleinstadtleben. Nach einem relaxten, langen Spaziergang an der Praia de Fão wird es Zeit, dem knurrenden Magen nachzugeben und für ein gemütliches Mittagessen zu sorgen. Kein Problem, denn es gibt viele nette Restaurants – und nach der Stärkung schöne Geschäfte zum Shoppen. In Esposende wirkt alles noch echt und wird nicht von Touristenmassen überflutet.

📷 *Panoramablick auf Meer und Stadt, 41.5359995, -8.7900827*

An der vorgelagerten Halbinsel dem Strand Dunas da Fão bis zum Ende folgen und dann einfach nur den Ausblick genießen!

Sra. Peliteiro

Idylle pur und verdammt gutes Essen, eine bessere Kombination ist kaum möglich: Das Sra. Peliteiro liegt direkt am Rio Cávado eingebet-

tet in die grüne Umgebung eines Golfplatzes. Hier serviert man moderne mediterrane und portugiesische Küche und legt gesteigerten Wert auf eine perfekt abgestimmte und schön angerichtete Mahlzeit. Das Personal ist sehr freundlich, bedient aufmerksam und schnell. Am Wochenende kann es auf der Terrasse ziemlich voll werden und es empfiehlt sich eine Reservierung, aber unter der Woche zur Mittagszeit findet man immer einen Platz mit Blick ins Grüne. Unbedingt probiert werden sollte der ausgezeichnete Bacalhau!

i *Lugar da Barca do Lago, Gemesses Travessa Quinta da Barca | Esposende | Di–Do u. So 9–19, Fr/Sa 9–23 Uhr | Tel. 9 36 43 83 84 | srapeliteiro.com | €€-€€€*

P *Vor dem Restaurant ist ausreichend Platz zum Parken.*

35 km Nach diesem entspannenden Zwischenstopp geht es weiter ins Inland Richtung Braga! Zunächst reist du auf der N103-1 über Wald und Wiesen und kommst durch die Dörfer Eira de Anna, Vila Nova, Mouriz, Terreiro und Coutada bis nach São Pedro de Vila Frescaninha. Am Ende des Ortes geht es hinter dem Supermarkt Continente rechts auf die N103/A11 Richtung Braga. Auf der N103 durchquert man die

BEACHFEELING PUR

Die wunderschönen Strände von Esposende laden zum perfekten Badeurlaub ein

DURSTLÖSCHER

Eine Sightseeingtour durch das Weltkulturerbe von Guimarães macht bestimmt durstig

Dörfer Mereces und Souto das Freiras, bis die Auffahrt auf die Autobahn A 11 nach Braga auftaucht. Du lenkst dein Wohnmobil auf die Autobahn und folgst ihr 15 Kilometer bis ins lebendige Braga.

Spot 

Braga
Von wegen altbacken, hier kommt eine Lieblingsstadt ▶ **S. 34**

23 km

Von Braga geht es auf dem Weg ins Douro-Tal über die Stadt Guimarães. Dafür fährst du auf die N101 und folgst dieser über die Dörfer Esporões, Morreira, Trandeiras, Balazar, Sande, Caldelas und Ponte bis nach Guimarães. Die Strecke ist kurz, entspannt und dank der Fahrt über die vielen kleinen Dörfer auch sehr facettenreich!

Guimarães

Die historische und sehr charmante Stadt gehört nicht nur zum UNESCO Weltkulturerbe, sondern war auch die erste Hauptstadt Portugals und ist daher vollgepackt mit Sehenswürdigkeiten, Denkmälern und historischen Relikten!

Insider-Tipp
Im Eishimmel

In der Avenida Conde de Margaride gibt es im Geladão das leckerste und cremigste Vanilleeis der Stadt!

Serra da Penha

Den besten Überblick über die Stadt und das Umland hast du vom 600 Meter hohen Berggipfel Serra da Penha, der nur rund zwei Kilometer vom Stadtkern aus entfernt liegt und als „Hausberg" gilt. Entweder du nimmst die steile und kurvige Straße zum Berg oder du fährst mit der Gondel Teleférico de Penha zum Gipfel. Oben angekommen erwartet dich ein sensationeller Panoramablick, den du dir leider mit einigen anderen Touristen und Einheimischen teilen musst. Auf dem Rückweg lohnt sich ein Spaziergang durch den dazugehörigen Penha-Park!

i Rua Nossa Sra. da Penha 8 | Guimarães | Hin- und Rückfahrt mit der Seilbahn p.P. 7,50 €, einfache Fahrt p.P. 4 € | turipenha.pt

P Vor der Seilbahn gibt es einen kleinen Parkplatz.

75 km

Weiter geht die Reise nach Vila Real! Die Fahrt startet auf der N101 und führt ins Landesinnere über die Dörfer Infantas, Felgueiras, Caramos und Vila Cova de Lixa. Im Ort Lagateira biegst du direkt an der ersten Kreuzung links auf die Av. do Alto da Lixa ab und gelangst automatisch auf die N15. Der kurvigen Nationalstraße N15 folgt man über zahlreiche kleine Dörfer bis zum Ort Amarante. Dort überquerst du zunächst den Fluss Tâmega und folgst weiterhin dem Straßenverlauf der N15. Hinter Padronelo nimmst du die Auffahrt auf die Autobahn A4 Richtung Vila Real/Bragança und folgst den Schildern bis zur Ausfahrt Vila Real.

Spot 

Vila Real & das Douro-Tal

Weinberge, Weingüter und Gaumenschmaus ▶ **S. 38**

39 km

Los geht die Fahrt von Vila Real Richtung Amarante. Du fährst zunächst auf die Hauptstraße IP4, die automatisch in die Autobahn A4 übergeht. An der Ausfahrt 22 verlässt du die A4 wieder und wechselst für ca. 20 Minuten auf die N15. Nach ca. 21 Kilometern geht es nach links auf eine kurvenreiche und langsam, aber stetig bergan verlaufende Straße. Lasse deinen Camper die Straße bis zum Gipfel emporklettern – keine Angst, auch Wohnmobile können hier gut entlangfahren.

Serra do Marão

Der Berg Serra do Marão, immerhin der sechstgrößte Portugals, liegt rund 32 Kilometer südwestlich von Vila Real. Von dem Aussichtspunkt, dem Observatorium und der kleinen Kapelle Senhora da Serra bietet sich eine knallermäßige Aussicht über die Berge und Täler der Umgebung. Lass dir das nicht entgehen! Der Weg zum Aussichtspunkt ist zwar etwas kurvig und steil, aber das einmalige Panorama entschädigt für die Mühen der Fahrt.

P *Es gibt zwar keinen großen Parkplatz, aber am Ende der Straße vor dem Aussichtspunkt hast du genügend Platz, deinen Camper abzustellen. Außerdem ist man in der Regel dort oben allein, sodass ausreichend Parkmöglichkeiten vorhanden sind.*

Aussichtspunkt am Observatorium, 41.248466, -7.886879.

42 km Das nächste Etappenziel heißt Amarante. Hierfür cruist du auf der kurvigen Bergstraße wieder hinab, biegst dann nach links auf die N15 und nimmst die nächstmögliche Auffahrt auf die A4. Nach 17,5 Kilometern geht es an der Ausfahrt 17 runter von der Autobahn und im anschließenden Kreisverkehr an der ersten Ausfahrt auf die M570 Richtung Amarante. Den nächsten Kreisverkehr verlässt du dann an der zweiten Ausfahrt und folgst der N210 auf der R. António Lago Cerqueira Richtung Parque Florestal, wo sich auch der Parkplatz befindet.

Amarante

Amarante ist eine urtypische altportugiesische Bergstadt. Hier ticken die Uhren langsamer und die Atmosphäre ist dementsprechend entspannt. Zahlreiche Sehenswürdigkeiten wie die Kirche Igreja de São Gonçalo und die Brücke Ponte de São Gonçalo, die über den Fluss Tâmega führt, zeugen von kulturellem Reichtum. Ein kleiner Spaziergang entlang dem Fluss und durch die Altstadt ist definitiv lohnenswert.

P *Ein kostenloser Parkplatz befindet sich am Parque Ribeirinho, direkt am Parque Florestal de Amarante.*

74 km Vom Parkplatz in Amarante heißt das nächste Ziel Porto. Über die N412 durchquert man die Dörfer São Lázaro, Monco bis nach Eira Nova. Dort biegt man rechts auf die EM567 ab und folgt dem Straßenverlauf für 6,3 Kilometer. Dann geht es rechts auf die R. Nossa

Sra. de Fátima und gleich wieder links auf die Nationalstraße N211-1 bis zum ersten Kreisverkehr, wo du dann die Ausfahrt auf die Autobahn A4 nimmst. Nach nur einem Kilometer verlässt du die Autobahn bereits wieder links auf die Nationalstraße N15 und jückelst mit dem Camper über die Dörfer Figuras, Paredes, Mouriz, Vandoma bis nach Valongo. In Valongo lenkst du dein Wohnmobil auf die Nationalstraße N209 und fährst am ersten Autobahnkreuz (Auffahrt 6) auf die Autobahn A43 Richtung Porto/Gondomar Centro. Nach sieben Kilometern geht es über die N12 und die Auffahrt Richtung A1/Lisboa/Gaia auf die A20. Nur einen Kilometer nach der Überquerung des Douro fährst du rechts (Ausfahrt IC23) weiter auf der A44, die du Richtung Via Eng. Edgar Cardoso verlässt. Du fährst jetzt immer geradeaus Richtung Fluss und nach einer langen Linkskurve gelangst du auf die R. da Praia, wo du an der Doca de Pesca dein Wohnmobil abstellen kannst.

Ziel & Spot 4

Porto
Die Metropole des Nordens ▶ **S. 42**

Optionaler Anschluss: Tour B ▶ **S. 46**

LOGENPLATZ

Hoch über dem Tâmega genießt man portugiesische Köstlichkeiten vor mittelalterlicher Kulisse

Spot 1

Viana do Castelo

Der perfekte Mix aus Stadt und Natur

Oh, du schönes Viana do Castelo, allein der Name klingt schon entzückend genug. Die Kirche Sanutário Santa Luzia, die mit ihren kleinen Türmchen über der Stadt thront, das grüne Umland mit dem Peneda-Gêres-Nationalpark und die weißen Sandstrände zum Surfen sind Grund genug, sich Hals über Kopf in Viana do Castelo zu verlieben die ein historisches Zentrum der Seefahrt und des Schiffsbaus ist.

P *Rua de Limia, 41.6946332, -8.8191110*

AUSSICHTSREICH

Den Santuario de Santa Luzia besucht man aus Kulturinteresse und wegen des faszinierenden Panoramas

AKTIVITÄTEN & SIGHTSEEING

1 Canyoning-Abenteuer im P. N. Peneda-Gerês

Wie wär's mit einem Wanderausflug der besonderen Sorte? Statt in die Wanderschuhe geht's ab in den Neoprenanzug und rein ins Boot: Beim Canyoning entdeckst du die Natur schwimmender-, springender-, tauchender- und schwebenderweise! Den Adrenalinkick und ein Riesengrinsen gibt's gratis dazu. ***Infos:*** *Oporto Adventure Tours | 8 Std. p.P. (kein Mittagessen, Gruppengröße 7 Pers.) 80 € | oportoadventuretours.com | vorher online buchen*

2 Beste Aussicht vom Santuario de Santa Luzia

Tempel sind etwas für Langeweiler und Kulturjunkies? Nicht unbedingt, denn der Santuario de Santa Luzia ist nicht nur eine Augenweide inklusive schicken Türmchen und runden Fenstern, sondern garantiert dir auch einen magischen Panoramablick über die ganze Stadt, den Rio Lima und das Meer. ***Infos:*** *Estrada de Santa Luzia | Viana do Castelo | immer geöffnet | Eintritt 1,50 €*

3 Relaxen an der Praia do Cabedelo

Der perfekte Ort zum Chillen und Sonne tanken liegt direkt im Herzen von Viana do Castelo und trotzdem ist vom Rummel eines Stadtstrands nichts zu merken: feiner weißer Sand, kleine Dünen, viele schöne Muscheln und eine relaxte Stimmung. Auch Wasserratten finden hier mit Kiten, Windsurfen und Wellenreiten beste Bedingungen vor. Alternativ kann man sich bei einem Strandspaziergang aufs Beobachten verlegen.

4 Köstlicher geht's nicht – Museo do Chocolate

Hier dreht sich alles um die süße Köstlichkeit, von der kaum jemand die Finger lassen kann – Schokolade! Es geht auf eine Reise von der Kakaobohne über die Herstellung bis zum fertigen Produkt. Das Museum ist interaktiv, denn es gibt Schaltflächen zum Drücken und Drehen und informative Filme über das braune Gold. Garantiert hast du danach Hunger auf Schokolade! ***Infos:*** *Rua do Gontim 70–76 | Viana do Castelo | Di–So 10–18 Uhr | Eintritt 6 € | fabricadochocolate.com*

REGENTAG – UND NUN?

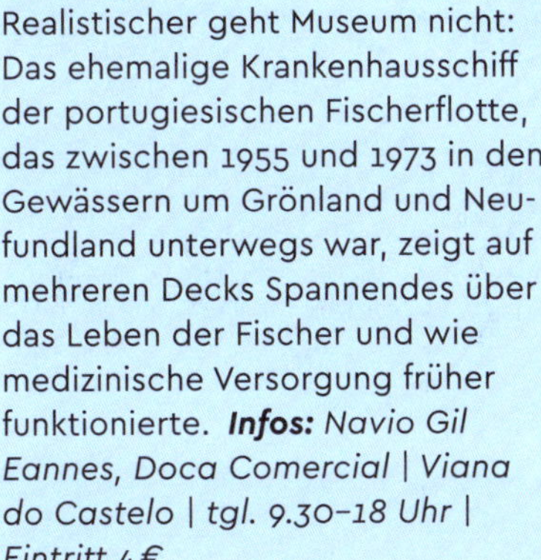

5 Gil Eannes hospital ship

Realistischer geht Museum nicht: Das ehemalige Krankenhausschiff der portugiesischen Fischerflotte, das zwischen 1955 und 1973 in den Gewässern um Grönland und Neufundland unterwegs war, zeigt auf mehreren Decks Spannendes über das Leben der Fischer und wie medizinische Versorgung früher funktionierte. ***Infos:*** *Navio Gil Eannes, Doca Comercial | Viana do Castelo | tgl. 9.30–18 Uhr | Eintritt 4 €*

ESSEN & TRINKEN

6 In Francesinhas

French Toast auf Portugiesisch: Man nehme eine Scheibe Toast, belege sie mit der landestypischen Linguiça-Wurst, einem Ei und überbacke alles mit Käse. Zum Schluss kommt noch eine Art Biersauce darüber. Entweder du liebst es abgöttisch oder du wirst es nie wieder essen wollen. Finde heraus, was deine Geschmacksknospen zum traditionellen Toast sagen. ***Infos:*** *Tv. Vitória 1 | Viana do Castelo | Di–So 12–14.30 u. 19.30–22 Uhr | Tel. 9 65 00 06 53 | €€*

7 Sr Bife Restaurante

Es gibt Fleisch, Baby! Hier dreht sich alles um ein saftiges, zartes Stück Fleisch. Serviert wird es mit schmackhaften Kartoffeln, knusprigen Pommes oder knackigem Salat. Auch Fischliebhaber kommen auf ihre Kosten. ***Infos:*** *Praca da Liberdade | Viana do Castelo | Mo, Di, Do–Sa 12.30–14.30 u. 19.30–22, So 12.30–15 Uhr | Tel. 9 65 31 93 00 | €€-€€€*

8 Ameadella Pastelaria

Leckermäulchen aufgepasst! Die große Auswahl an portugiesischen Kuchen, Törtchen, Hörnchen, Croissants und belegten Toasts wie Tosta Mista ist beeindruckend. Dann noch einen leckeren Espresso dazu und der Tag könnte nicht besser starten. ***Infos:*** *Rua de Santa Cristina 200 | Viana do Castelo | tgl. 7–20 Uhr | Tel. 2 58 84 25 10 | €*

EINKAUFEN

9 Mercado Municipal

Eine große Halle prall gefüllt mit frischem Gemüse von den Bauern vor Ort, frischem Fisch und duftenden Blumen für wenig Geld. Es gibt nichts Authenti-

GESCHMACKSSACHE

So manchem läuft beim Anblick von Francesinhas das Wasser im Mund zusammen

scheres als ein Besuch in einer portugiesischen Markthalle. ***Infos:*** *Av. Cap. Gaspar de Castro 119 | Viana do Castelo | Mo–Sa 7.30–19 u. Sa 7.30–13 Uhr | €*

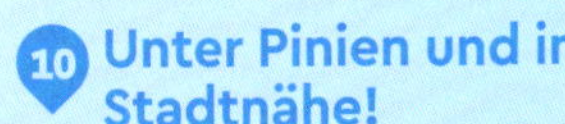

Insider-Tipp

Support your local Marktstand!

Die leicht säuerlichen Nespera-Früchte sind typisch portugiesisch. Vor allem im Frühjahr bekommst du sie ultrafrisch auf jedem Markt!

STELL- & CAMPINGPLÄTZE

10 Unter Pinien und in Stadtnähe!

Der Orbitur Campingplatz liegt nur wenige Meter vom langen Sandstrand Praia do Cabedelo entfernt. Mit einer kleinen Fähre über den Rio Lima oder wenigen Fahrminuten mit dem Auto bist du ebenso schnell in der Stadt. Pinien sorgen für den nötigen Schatten in den warmen Sommermonaten und der Pool für die zwischenzeitliche Abkühlung. Besondere Pluspunkte gibt es für das sehr freundliche und hilfsbereite Personal. Durch die direkte Nähe zum Strand bevölkern vor allem Surfer den Campingplatz.

Orbitur Viana do Castelo 

€€ | Rua Diogo Álvares 161 | 4935-161 Viana do Castelo
Tel. 2 58 32 21 67 | orbitur.pt
GPS: 41.678473248165, -8.826677799224

▸ **Größe:** *81 Stellplätze*

11 Großer gepflegter Platz direkt am Strand

Der Parque Campismo Inatel befindet sich in direkter Nachbarschaft zum Orbitur-Platz. Aufgrund seines Alters ist er ein paar Euro günstiger, aber dennoch gepflegt und schön gelegen. Dafür ist die Stellplatzzahl für Wohnmobile höher und die Platzauswahl etwas größer. Auch hier kannst du unter großen Pinienbäumen entspannen und bist in wenigen Gehminuten am Sandstrand.

Parque Campismo Inatel 

€€ | Av. dos Trabalhadores | 4900-056 Darque
Tel. 2 58 32 20 42 | hoteis.inatel.pt
GPS: 41.678645, -8.823063

▸ **Größe:** *156 Stellplätze*

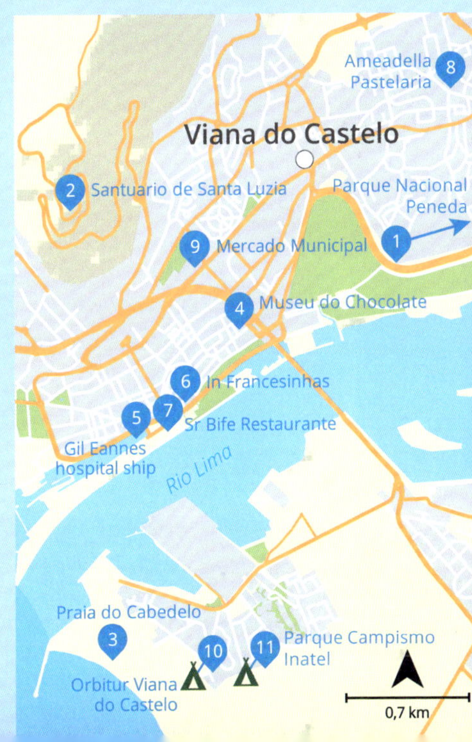

Braga

Von wegen altbacken, hier kommt eine Lieblingsstadt

Eine der ältesten Städte Portugals versprüht durch die vielen Studenten einen jungen und modernen Spirit. Die Kombination aus alten Gebäuden, Monumenten, Kathedralen und modernen Geschäften und Restaurants ergibt zusammen die perfekte Mischung für einen Ort mit potenziellem Lieblingsstadtfaktor. Zahlreiche Events und Veranstaltungen machen Braga zu einem lebendigen Treffpunkt für Portugiesen und Reisende. Diese Stadt sollte man also tunlichst nicht unterschätzen!

P *São José de São Lázaro, 41.5407263, -8.4183292*

LIEBLINGSPLATZ

An einem lauen Sommerabend pulsiert das Leben an der Praça da Republica in Braga

AKTIVITÄTEN & SIGHTSEEING

1 Treppenmarathon zum Bom Jesus do Monte

Zwischen dir und der wunderschönen Pilgerstätte liegen genau 640 Stufen – hier kannst du deine Fitness unter Beweis stellen! Oben angekommen gibt es zur Belohnung die entzückende Kathedrale, einen Panoramablick ohnegleichen und eine Goldmedaille dafür, dass du nicht mit der Bahn nach oben gefahren bist. ***Infos:*** *Estrada de São Pedro | Braga | Eintritt frei*

2 Entspannung pur im Jardim de Santa Barabara

Ein echter Ruhepol inmitten des quirligen Stadtlebens. Zwischen Palmen, bunten Blumen und akkurat geschnittenen Buchsbaumhecken kannst du alle Viere von dir strecken, ein wenig die Seele baumeln lassen, dein belegtes Brot snacken und dir überlegen, was als Nächstes auf dem Programm steht. Außerdem gibt es auf der Terrasse im Café Lusitana köstlichen Espresso. ***Infos:*** *Rua Dr. Justino Cruz 127 | Braga | Eintritt frei*

3 Vom Schnappschuss zum Profifoto im Museu da Imagem

Egal, ob du lieber selbst fotografierst oder einfach gerne Fotos betrachtest, die zahlreichen Ausstellungen mit Fotos verschiedenster Künstler und die alten Kamaramodelle sind für Fans eine Augenweide. Ein Highlight ist auch die Location: Der mittelalterliche Turm, der zur alten Stadtmauer gehört. ***Infos:*** *Campo das Hortas 35–37 | Braga | Di–Fr 11–18.30 u. Sa/So 14.30–18.30 Uhr | Eintritt frei*

4 Vorhang auf für das Teatro Circo

Das Theater von 1915 ist Bragas ganzer Stolz: Der prunkvolle runde Zuschauersaal mit roten Sitzen, goldenem Stuck und einem riesigen Kronleuchter garantiert einen absoluten Wow-Effekt. Auch der Eingangsbereich mit einem roten Teppich und gold-weißen Verzierungen an Decken und Wänden ist atemberaubend. Wie wär's mit einem Theaterstück inklusive rotem-Teppich-Empfang? ***Infos:*** *Avenida da Liberdade 697 | Braga | theatrocirco.com | es werden auch Führungen durch das Theater angeboten*

AUSGEHEN

5 Casa das Bananas

Im Bananeiro gibt es traditionellerweise Muskatwein aus Setúbal und dazu eine Banane – definitiv eine schräge Tradition, mit der seinerzeit der Besitzer des ehemaligen Bananenlagerhauses versuchte, mehr Kunden anzulocken. Heute entpuppt sich dieser kleine Laden als Treffpunkt Nummer eins und vor allem als *place to be* kurz vor Weihnachten. ***Infos:*** *Rua do Souto 26 | Braga | Mo–Sa 9–19.30 u. So 10–13 Uhr | Facebook: Casa-das-Bananas*

ESSEN & TRINKEN

6 Retrokitchen

Hier sieht es aus wie bei Oma: Liebevoll zusammengewürfelte Vintagemöbel schaffen eine gemütliche Atmosphäre und simple, superleckere Gerichte wie Lasagne zaubern ein Heimatgefühl herbei. ***Infos:*** *Rua do Anjo 96 | Braga | Mo u. Mi–Sa 12–14.30 u. 20–22.30 Uhr | Tel. 2 53 26 70 23 |* **€€-€€€**

7 Nordico Coffee Shop

Die beste Adresse, um nach einer langen Tour durch die Stadt einen köstlichen Kaffee und ein Stück Kuchen in gemütlicher Atmosphäre zu genießen. Hier gibt es verschiedene Kaffeespezialitäten, leckeres Frühstück und besonders hervorragende Pfannkuchen. ***Infos:*** *Rua do Anjo 90A | Braga | Di 12–18, Mi–Sa 11–18, So 11–16 Uhr | Tel. 2 53 26 72 23 | Facebook: Nordico Coffee Shop |* **€**

8 Tábuas, Copos & Outras Cenas

Alles dreht sich um leckere Kleinigkeiten und eine gute Zeit in netter Gesellschaft. An eckigen Holztischen werden tapasähnliche Häppchen serviert. ***Infos:*** *Rua Dom Gonçalo Pereira 52 | Braga | Di–Fr 16–22.30, Sa 12.30–15 u. 19–22.30 Uhr | Tel. 9 36 70 61 08 |* **€€-€€€**

Insider-Tipp
Fischfans aufgepasst!
Die Makrele „Montadito“ ist ein wahrer Gaumenschmaus.

EINKAUFEN

9 Mercado da Saudade

Der „Markt der Sehnsucht“ präsentiert sich als Vorzeige-Tante-Emma-Laden. Liebevoll präsentiert findet man hier von der Bio-Zahnpasta bis zur selbst gemachten Marmelade alles, was das

VANLIFE COOKING

Auch in der Küche des eigenen Campers lassen sich leckere Gerichte zaubern

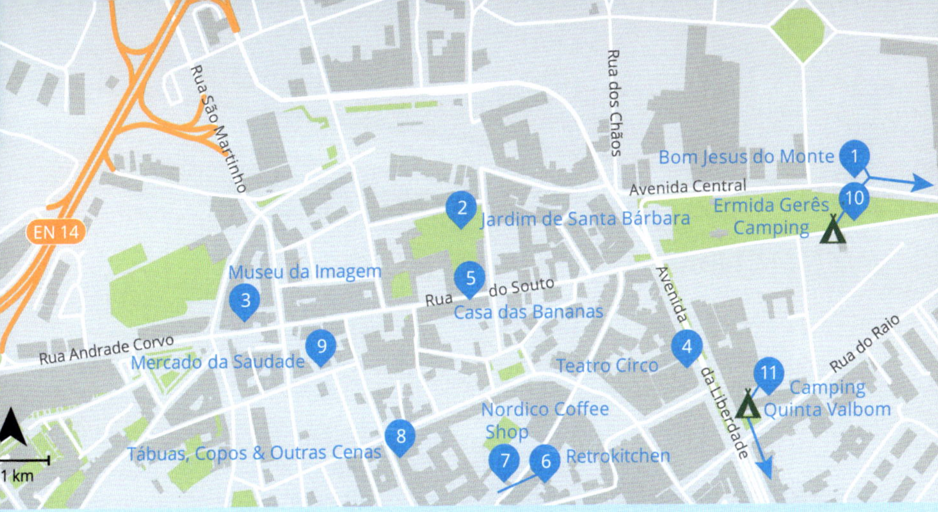

Herz begehrt – made in Portugal! ***Infos:*** *Rua Dom Paio Mendes 59 | Braga | Di–So 10–14 Uhr | Tel. 2 53 08 82 32 | €€*

STELL- & CAMPINGPLÄTZE

10 Perfekt für Natur- und Bergfreunde

Der von Bäumen umgebene, gepflegte Campingplatz liegt mitten im Pene-da-Gerês-Nationalpark. Eine Art Basiscamp für Abenteuerlustige. Zwischen rustikalen Holzhütten und feststehenden Holzzelten findest du geräumige Stellplätze für dein Wohnmobil. Das Highlight: Es gibt über 32 BBQ-Grills, sodass Grillen auf der Tagesordnung steht. Dadurch wird es abends besonders gesellig unter den Outdoorfans. Wer nicht genug vom 100-Prozent-Abenteuermodus haben kann, sollte sich zwingend über das vielseitige Ausflugsprogramm des Campingplatzes informieren.

Ermida Gerês Camping

€€ | Lugar da Ermida 295 | 4845-072 Vilar da Veiga, Gerês
Tel. 9 15 96 63 10 | ermidagerescamping.com
GPS: 41.7007042, -8.1282614

▸ **Größe:** *14 Stellplätze*

11 Unter Orangenbäumen in familiärer Atmosphäre

Dieser Campingplatz hat die Chance zum Lieblingscampingplatz. Bei nur 30 Stellplätzen mit viel Platz für jeden einzelnen Camper, einem großen Pool und einer absolut entspannten Stimmung unter den Campern kommt sofort Urlaubsflair auf. Betrieben wird der Platz von zwei Niederländern, die viel Wert auf Gemütlichkeit, ein nettes Ambiente und ein gutes Miteinander legen. Die besten Voraussetzungen für eine schöne Zeit auf dem Campingplatz.

Camping Quinta Valbom 

€ | Lugar de Quinta, Ribas | 4890-505 Celorico de Bast | Tel. 9 15 13 57 62 | quintavalbom.nl
GPS: 41.2882173, -8.0362039

▸ **Größe:** *30 Stellplätze, daher vorher reservieren*

Vila Real & das Douro-Tal
Weinberge, Weingüter und Gaumenschmaus

La Dolce Vita in Portugal! Das Douro-Tal ist ein Paradies für Weinliebhaber, kleine und große Gourmets und Naturfans. Bei einem Glas Wein mit einer Aussicht über grüne Weinberge und den Douro-Fluss lässt sich das Leben in vollen Zügen genießen! Eine relaxte Atmosphäre ist hier an der Tagesordnung. Leckeres Essen, überragender Wein, gute Stimmung und eine Wahnsinnslandschaft – was will man mehr?

P *Parque de Merendas, Vila Real, 41.305203, -7.734866*

WIE GOTT IN FRANKREICH

Die Weingüter im Douro-Tal keltern hervorragenden Wein

AKTIVITÄTEN & SIGHTSEEING

1 Durch Vila Real schlendern

Die Hauptstadt des gleichnamigen Distrikts ist die schönste Stadt der Umgebung. Es gibt prunkvoll ausgestattete Kirchen, schöne Plätze und viele Monumente zu bewundern und beim Bummel durch die schmalen Gassen kannst du wunderbar shoppen und in einem kleinen Café einen Espresso mit leckerer Pastel de Nata genießen. ***Anfahrt:*** *Startpunkt ist an der Igreja de São Pedro* ***Parkplätze:*** *41.305203, -7.734866, Parque de Merendas*

2 Durch die Weinberge wandern

Ab in die Wanderschuhe und los geht die Trekkingtour am **Cais do Pinhão,** dem Ufer des Pinhão-Flusses. Umgeben von Weinbergen und Olivenhainen geht der Weg Richtung São Cristovão do Douro, über Provosende bis zum kleinen Dorf Vilarinho de São Romão. Idyllischer könnte eine Wanderung kaum sein. Am Ziel angekommen gibt es natürlich standesgemäß einen Wein zur Belohnung in einer der zahlreichen Vinotheken. ***Anfahrt:*** *Startpunkt ist in Pinhão* ***Infos:*** *ca. 3 Std. Gehzeit, 11,5 km, 558 Höhenmeter* ***Parkplätze:*** *41.1897644, -7.5479078, am Fluss*

3 Über den Douro schippern mit Magnífico Douro

Zurücklehnen, Audioguide aufsetzen und die Aussicht genießen: Auf einem rustikalen Schifferboot geht es über den Douro-Fluss entlang von grünen Weinhängen, Weingütern und kleinen Dörfern. Über die Kopfhörer bekommst du währenddessen alle wichtigen Infos eingeflüstert. ***Infos:*** *Rua Marginal do Pinhão | Pinhão | Touren mit Magnifico Douro ab 20 € | Tel. 9 13 12 98 57 | magnificodouro.pt*

4 Cheers aufs Leben in der Quinta do Seixo

Hier dreht sich alles um Portwein: Vom Anbau über die Herstellung und Lagerung bis zum perfekten Endergebnis. Probieren gehört bei der Weintour zum Pflichtprogramm – für Weinkenner wie für Neulinge. ***Infos:*** *Valença do Douro | Tabuaço | Touren ab 13 € | winetourism-portugal.com | vorher online buchen*

REGENTAG – UND NUN?

5 Museu do Douro

In diesem kleinen, aber feinen Museum wirst du zum Weinkenner der Extraklasse. Du lernst alles über die Douro-Region, die Weinherstellung und alle möglichen Weinsorten – vor allem über den süßen Portwein. Dem Museum sind außerdem ein Shop und eine Weinbar angeschlossen, auf deren Terrasse man ein Glas Portwein (im Eintritt inbegriffen) und die Aussicht genießen kann. Startklar für eine Reise in die Welt des Weins? ***Infos:*** *Rua do Marquês de Pombal | Peso da Régua | tgl. 10–18 Uhr | p.P. 7,50 € | Tel. 2 54 31 01 90 | museudodouro.pt*

Insider-Tipp
Portwein-Liebling

Er ist etwas süßer als roter Portwein und hat ein nussiges Aroma. GRAHAM'S Fine White Port erfreut sich großer Beliebheit.

ESSEN & TRINKEN

6 The River

An fein eingedeckten Holztischen wird dir moderne kreative Küche angeboten. Highlight ist der Schokoladenkuchen mit flüssigem Kern! ***Infos:*** *Rua Jose Vasques Osorio Loja C1 | Peso da Régua | Mo–So 12.30–15 u. 19.30–22.30 Uhr | Tel. 9 67 96 65 67 | theriver.pt | €€-€€€*

7 Taberna & Companhia

Definitiv die besten Tapas der Umgebung: Bei Lachs-Ceviche, knusprigen Kabeljaubällchen und Tintenfischringen schlagen Tapasherzen höher. ***Infos:*** *Rua Marques de Pombal 55 | Peso da Régua | Mo–Sa 19–23 Uhr | Tel. 2 54 33 60 26 | €€-€€€ | Facebook: TabernaCompanhia*

8 Pastelaria Gomes

Ob Pastel de Nata, Tosta Mista oder Brioche, die Produkte der alteingesessenen Bäckerei schmecken einfach köstlich – vor allem die mit Hackfleisch gefüllten Törtchen. ***Infos:*** *Rua António de Azevedo 2 | Vila Real | tgl. 8–19.30 Uhr | Tel. 2 59 30 97 10 | €*

EINKAUFEN

9 Adega Vila Real

In der großen Adega inmitten der Weinberge gibt es nur die feinsten Tropfen: Grande Reserva, Reserva, Colheita und Port – alles regionale und sehr beliebte Weine. Unbedingter Pluspunkt

EINZIGARTIG

Beim Glamping überm Douro-Tal findet man garantiert die innere Ruhe

sind moderate Preise für hohe Qualität. Danach willst du nie wieder Wein aus dem Supermarkt trinken. ***Infos:*** *Rua da Estrada Nacional | Vila Real | Mo–Fr 9–13 u. 14–18 Uhr | Tel. 2 59 33 05 00 | adegavilareal.com*

STELL- & CAMPINGPLÄTZE

10 Klein, aber fein und in direkter Nähe zum Douro-Tal

Der geteerte Boden und die mit Bäumen abgegrenzten Stellplätze erinnern an einen großen Parkplatz, der zu einem Campingplatz umfunktioniert wurde. Hier treffen sich vor allem Naturliebhaber, denn das Douro-Tal ist nur wenige Kilometer entfernt. Die Atmosphäre ist entspannt und ruhig. Auch das kleine Dorf Mogadouro direkt neben dem Platz lädt mit traditionellem Charme zu einer Bummeltour durch die engen Gassen ein.

Parque Campismo Quinta da Agueira

€€ | Rua Abade Bacal 39 | 5200-219 Mogadouro
Tel. 2 79 34 02 32
GPS: 41.3358962, -6.71316245

▸ **Größe:** *2.000 m²*

11 Ein Highlight für Sportsfreunde

Auf dem kleinen gepflegten Platz ist der Boden ebenfalls geteert und die einzelnen Parzellen sind durch Bäume voneinander abgrenzt. Die Ausstattung bietet alles, was man braucht: Waschmaschinen, Kinderspielplatz, Grillplätze, Safes für Wertsachen und ein kleines Café für den morgendlichen Espresso. Dem sportlichen Camper stehen ein Tennisplatz, ein Minigolfplatz, ein Sandplatz und ein Swimmingpool zur Verfügung. Und die angrenzende historische Stadt Mêda mit der alten Burg Marialva ist auf jeden Fall einen Besuch wert.

Camping Mêda Park ☺

€€ | Av. Prof. Adriano Vasco Rodrigues | 6430 Mêda
Tel. 2 79 88 32 70
GPS: 40.9696646, -7.2591898

▸ **Größe:** *14 Stellplätze*

Spot 4

Porto
Die Metropole des Nordens

Porto wird oft als die kleine Schwester von Lissabon bezeichnet, dabei hat Porto seinen ganz eigenen Charme und muss sich nicht in den Schatten der Metropole stellen: Der Douro-Fluss, der sich durch das Herz der Stadt schlängelt, die ikonische Dom-Luís-Brücke, enge Gassen mit verdammt vielen Treppen, Portwein und eine sehr gute Restaurantszene sind exzellente Aushängeschilder. Das traditionelle Ambiente versprüht eine unglaubliche Magie und zieht einen sofort in seinen Bann.

P *Area Sosta Camper Afurada, Rua Praia 55, 4400-606 Vila Nova de Gaia, 41.143071, -8.648396; knappe Stunde Fußmarsch entlang dem Douro und über die Ponte Dom Luís bis ins Altstadtzentrum.*

ÜBERBLICK

Der Blick auf Porto ist ebenso genussvoll wie ein Glas Portwein und Pastel de Nata

AKTIVITÄTEN & SIGHTSEEING

1 Bummeln am Cais da Ribeira

Ein Bummel entlang der Promenade direkt am Douro-Fluss und durch die steilen und verwinkelten Gassen des alten Ribeira-Viertels gehört auf die To-do-Liste eines Porto-Besuchs. Zwischen mit Wäsche behangenen und von Haus zu Haus gespannten Wäscheleinen, bunten Hausfassaden und vielen Treppen lohnt sich immer wieder ein Blick auf den Douro und die Dom-Luís-Brücke.

Insider-Tipp
Hoch hinaus

Von der 60 Meter hohen Dom-Luís-Brücke hast du einen grandiosen Blick über die Stadt. Zu Fuß überqueren lohnt sich.

2 Durch die Straßen gondeln mit der Linha 1

Wie aus dem Film: Die berühmte Linie 1 der Nostalgiebahn stammt aus den 1930/40er-Jahren und entführt dich in eine andere Zeit. Im Gegensatz zu den überfüllten Trams in Lissabon, kannst du in Porto in der Nebensaison oder frühmorgens ohne lange Wartezeiten einsteigen. Startpunkt ist die Haltestelle Infante direkt an der gotischen Igreja de São Francisco. Von dort aus geht es entlang dem Douro bis zum Zielpunkt Passeio Alegre. ***Infos:*** *Linie 1 von Infante nach Passeio Alegre 3 €, Hin- & Rückfahrt 6 €*

3 In den Kellern von Sandeman Portwein

Dunkelrot, herrlich süß und schwer – das klingt nach Portwein! In Porto ist der Besuch beim traditionellen Hersteller Sandeman obligatorisch. Während der Führung durch die heiligen Hallen bekommst du alles Wichtige zum Thema in angenehmen Informationshäppchen serviert. ***Infos:*** *Largo Miguel Bombarda 3 | Vila Nova de Gaia | Premium Visit Tour: 40 Min. Führung 19 €, inkl. drei Weinproben | Tel. 2 23 74 05 33 | sandeman.com*

4 Premium-Sonnenuntergang am Torre dos Clérigos

Hoch über den Dächern von Porto lässt sich der Sonnenuntergang am besten genießen! Pünktlich zur Abendstunde

REGENTAG – UND NUN?

5 Fundaçao Serralves

Wer sich für moderne und zeitgenössische Kunst und Architektur interessiert, ist im Museum der Fundação Serralves bestens aufgehoben. Allein das Gebäude ist ein futuristisches Vorzeigeobjekt und beherbergt abstrakte Gemälde, verrückte Skulpturen und eigenwillige Illustrationen. Der riesige Park mit einheimischer und exotischer Vegetation ist die ideale Ruheoase.
Infos: *Rua Dom João de Castro 210 | Porto | Di–Fr 10–18, Sa/So 10–19 Uhr, Mo geschl. | Museum u. Park 20 €, einzeln 12 € | serralves.pt | €*

öffnet die Kirche mit dem Torre-dos-Clérigos-Turm ihre Pforten für Romantiker und Nostalgiefans. Nach dem schweißtreibenden Aufstieg kannst du von oben einen Postkartenausblick der Extraklasse genießen. ***Infos:*** *R. de São Filipe de Nery | Porto | 19–23 Uhr | Eintritt 5 € | torredosclerigos.pt*

ESSEN & TRINKEN

6 Portarossa

Pizza, Pasta und Wein in angenehm schicker Atmosphäre bei Kerzenschein und im Sommer gemütlich auf der kleinen Terrasse. Die Pizza überzeugt mit einem superknusprigen Boden und Pizzarand. ***Infos:*** *Rua Côrte Real 289 | Porto | Di–So 12.30–15 u. 19.30–22.30 Uhr | Tel. 2 26 17 52 86 | cafeina.pt/pt/Portarossa | €€ | vorher Tisch reservieren*

7 Petisqueira Voltaria

Das charmante Restaurant liegt in einer der kleinsten Straßen von Porto. Hier gibt es Portugal in Häppchen: Es kommen kleine und große herzhafte Leckereien auf den Tisch – alles *homemade.* ***Infos:*** *Rua Afonso Martins Alho 109 | Porto | Mo, Di, Do u. Fr 12–16 u. 19–22 Uhr | Tel. 2 23 25 65 93 | €€*

8 Hungry Biker

Im minimalistischen Ambiente des Cafés kommen Brunch- und Lunch-Fans auf ihre Kosten. Palettenmöbel und alte Fahrräder sorgen für ein hippes Set-up. Es gibt alles, was das Frühstücksherz begehrt: Rührei, belegte Brote und gesunde Bowls, alles mit qualitativ hochwertigen Zutaten frisch zubereitet. ***Infos:*** *Rua das Taipas 68/72 | Porto | tgl. 8.30–16 Uhr | Tel. 9 27 17 41 81 | €*

HOGWARTSSTYLE

Den Lello-Buchladen musst du gesehen haben – du spürst Hermine und Harry die Treppe emporeilen

EINKAUFEN

9 Livraria Lello

Willkommen im Harry-Potter-Buchladen! Riesige alte Holzregale vollgestopft mit Büchern, ein mit goldenem Stuck verziertes Gewölbe und eine rote, verschlungene Treppe – diese Buchhandlung ist einfach magisch. Kein Wunder, dass J. K. Rowling hier für ihre Harry-Potter-Bücher inspiriert wurde. ***Infos:** Rua Carmelitas 144 | Porto | tgl. 9.30–19 Uhr | Eintritt 5 € | livrarialello.pt*

STELL- & CAMPINGPLÄTZE

10 Ideal für einen Citytrip

Von hier aus bist du in nur zehn Fahrminuten im Stadtzentrum von Porto und in wenigen Schritten am Meer. Alles Notwendige für deinen Campingtrip steht zur Verfügung: eine Camperstation für die Reinigung deines Vans, Waschmaschinen und ein TV-/Aufenthaltsraum für Regentage. Vom ausgezeichneten Schwimmbad aus hat man einen fantastischen Blick aufs Meer! Die sanitären Anlagen sind immer sauber und gut gepflegt. Leider reihen sich die Stellplätze dicht an dicht aneinander, doch so lernst du im Handumdrehen deine Nachbarn kennen.

Orbitur Canidelo

€€ | Av. da Beira-Mar 1605 | 4400-382 Vila Nova de Gaia
Tel. 2 27 81 47 30 | orbitur.pt
GPS: 41.1239, -8.66634

▶ **Größe:** *70 Stellplätze*

11 Familärer Weintourismus

Ruhig und entspannt geht es zu, auf dem kleinen, sauberen und familiären Campingplatz 2 km vom Strand und 8 km von Porto entfernt. Schnell ist man hier für Spaziergänge oder Radtouren mitten in der Natur. Seit 2019 haben sich die Besitzer auch dem Weintourismus verschrieben und es werden regelmäßig Weinproben veranstaltet.

Istas' Garden 

€€ | R. da Cavada 617 | 4405-736 Vila Nova de Gaia | Tel. 9 24 78 86 69 | istasgarden.com/
GPS: 41.10873, -8.64652

▶ **Größe:** *61 Stellplätze*
▶ **Ausstattung:** *Alle Stellplätze mit Wasser, Strom, Grillplatz, Gemeinschaftsraum mit Küche und Waschmaschine, beheizter, überdachter Pool*

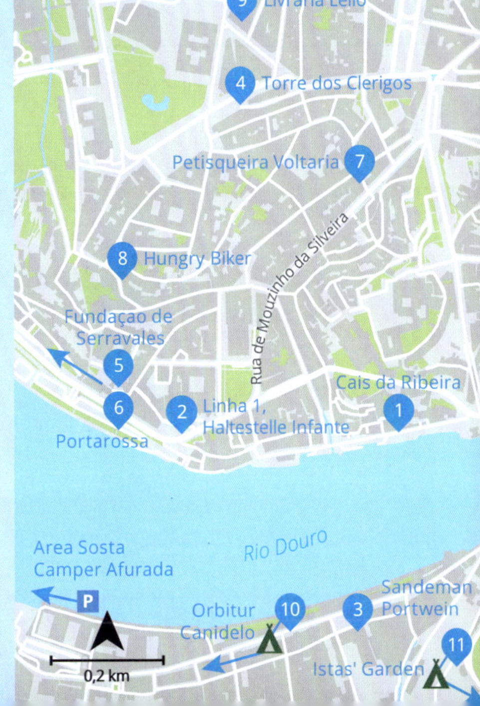

FLANIERBEREIT

Der Boulevard Ferreira Borges ist Teil der schmucken Altstadt von Coimbra

Tour B

Stadt, Land, Fluss & Meer
Von Porto nach Nazaré

Auf der Fahrt von Porto nach Nazaré erlebst du die geballte Vielfalt Portugals: lebendiges Großstadtleben in Porto, entspannte Küstenstadt-Vibes in Aveiro mit den bunt gestreiften Strandhäusern, historisches Ambiente in Guarda, Universitätsstadt-Atmosphäre in Coimbra mit der ältesten Uni des Landes und letztlich Nazaré, das kleine Fischerdorf mit den Riesenwellen. Du tauchst ein in den Großstadtdschungel, entdeckst die wildromantische Natur im Hinterland, gehst auf kulturelle Reise und bist am Meer – schöner und abwechslungsreicher kann eine Reise kaum sein!

Strecke 500 km

Reine Fahrzeit 5 Std. 30 Min.

Streckenprofil Im Hinterland viele Serpentinen und steile Straßen, die aber alle gut mit dem Wohnmobil befahrbar sind.

Anschlusstouren
A C

Tour B im Überblick

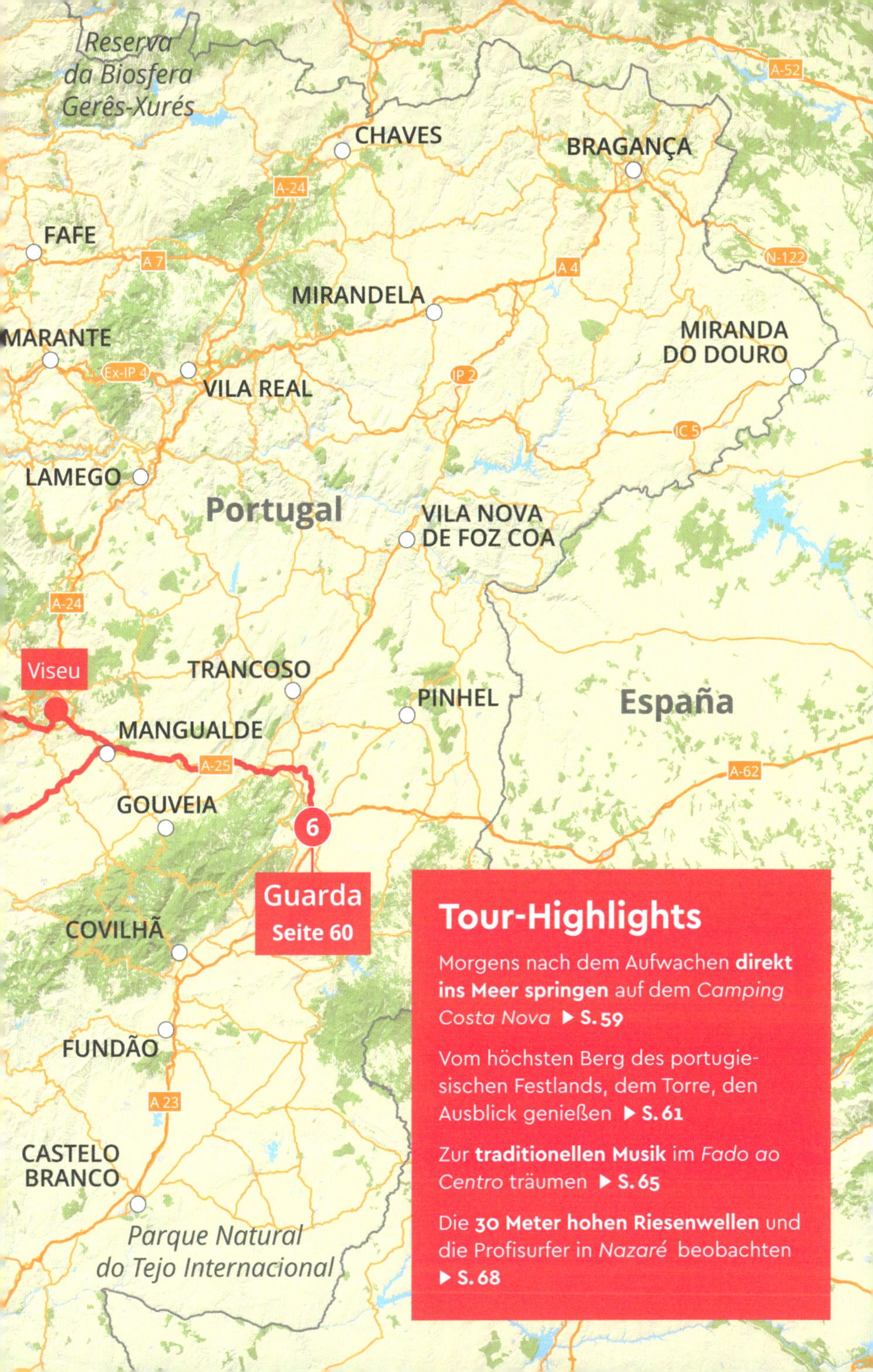

Tour-Highlights

Morgens nach dem Aufwachen **direkt ins Meer springen** auf dem *Camping Costa Nova* ▶ **S. 59**

Vom höchsten Berg des portugiesischen Festlands, dem Torre, den Ausblick genießen ▶ **S. 61**

Zur **traditionellen Musik** im *Fado ao Centro* träumen ▶ **S. 65**

Die **30 Meter hohen Riesenwellen** und die Profisurfer in *Nazaré* beobachten ▶ **S. 68**

B Tourenverlauf

Start & Spot **4**

Porto
Die Metropole des Nordens ▶ **S. 42**

Optionaler Anschluss: Tour A ▶ **S. 20**

48 km

Auf geht es nach Santa Maria da Feira. Wenn du den Weg über die Rua da Praia zur Autobahn A1 wählst, kannst du noch einmal einen wunderbaren Blick auf Porto werfen. Der A1 folgst du 14 Kilometer und fährst bei der Ausfahrt 18B Richtung N1/Carvalhos/Grijó ab. Von dort aus überquerst du zwei Kreisverkehre, bei dem ersten Kreisverkehr nimmst du die dritte Ausfahrt und beim zweiten die zweite. Du gelangst auf die R. Boavista und biegst am Kreisverkehr rechts auf die IC2 ab, die dich über zahlreiche kleine Dörfer bis zum Dorf Areal führt. Dort nimmst am ersten großen Kreisverkehr die zweite Ausfahrt und fährst auf die Av. Monumento bis zur Zona Industrial da Corujeira. Dort fährst du am ersten Kreisverkehr rechts auf die Av. 5 e Outubro bis nach Santa Maria da Feira.

Santa Maria da Feira

Willkommen in dieser kleinen Mittelalterstadt. Einmal im Jahr, im Juli oder August, findet hier das größte Mittelalterfest Portugals statt, das Tausende Besucher aus dem ganzen Land anlockt und die Stadt in eine mittelalterliche Partymeile verwandelt. Aber auch sonst gilt das Städtchen, in dem das Mittelalter fast omnipräsent ist, als perfektes Ausflugsziel. Neben der urigen Altstadt informieren zahlreiche Museen über die Geschichte.

Castelo de Santa Maria da Feira

Auf zu einer mittelalerlichen Schlosserkundung! In einem Bilderbuch würde eine Burg nicht anders aussehen. Hohe Mauern, spitze Türme und verschlungene kleine Wege entlang der Burg – das perfekte Setting für das jährliche Mittelalterfest! Aber auch ohne Fest ist diese Vorzeigeburg einen Besuch wert. Nach der Besichtigung bietet die Wiese davor den perfekten Platz für ein kleines Picknick mit tollem Ausblick!

i *Al. Dr. Roberto Vaz Oliveira | Santa Maria da Feira | Di–So April–Sept. 10–12.30 u. 13.30–18.30, Okt.–März 9–12.30, 13.30–17.30 Uhr | Eintritt 3 €, Kinder 6–15 Jahren 1 €, Rentner/Jugendliche 1,50 € | Tel. 2 56 37 22 48 | castelodafeira.com*

P *Großer Schotterparkplatz vor der Burg, ideal für das Wohnmobil.*

Zum Sonnenuntergang ist der Innenhof der mittelalterlichen Burg die perfekte Fotokulisse für ein paar coole Schnappschüsse für Zuhause! 40.9209566, -8.5425561

48 km Auf dem Weg nach Aveiro fährst du zunächst stadtauswärts auf die Nationalstraße N223 und folgst ihr für 1,2 Kilometer. Nach rechts geht es auf den Autobahnzubringer in Richtung Lissabon. Nachdem du die Mautstation passiert hast, fährst du auf die A1 in Richtung Lissabon/Estarreja. Dem Straßenverlauf 27 Kilometer bis zur Ausfahrt auf die A25 Richtung Aveiro folgen.

Spot 5

Aveiro

Eine wunderbare Mischung aus Holland, Italien und Portugal ▶ **S. 56**

86 km Von Aveiro geht die Fahrt weiter nach Viseu. Dafür fährst du zunächst auf die A25 Richtung Viseu/Lisboa/Porto/V. Formoso und folgst dem Straßenverlauf 80 Kilometer bis zur Ausfahrt 18. Auf der Avenida Dr. Alexandre Alves geht es über sieben Kreisverkehre, den achten, die Rotunda de Nelas, verlässt du an der ersten Ausfahrt auf die N2. Nach weiteren drei Kreisverkehren siehst du linkerhand den Parque de Estacionamento da Feira Semanal, wo du den Camper abstellen kannst.

BILDERBUCHREIF

Die Burg von Santa Maria da Feira könnte man wohl mittelalterlicher nicht ausstatten

B Tourenverlauf

Viseu

Im Herzen von Portugal, umgeben von Bergen und den Flüssen Vouga und Dão, liegt die historische Stadt Viseu. Die charmante und geschichtsträchtige Altstadt wartet mit zahlreichen Sehenswürdigkeiten wie Kirchen, Museen oder Parks auf. Outdoorfans schätzen den Freizeitwert der Berge und die üppige Natur.

Ecopista do Dão

Was für eine tolle Idee: Die alte Bahnstrecke „Linha do Dão", die die Städte Santa Comba Dão und Viseu verbunden hat, wurde 2011 zum Fahrrad- und Wanderweg umgestaltet. Die Ecopita do Dão ist insgesamt 49 Kilometer lang und führt durch wunderschöne Natur entlang von Korkeichenhainen, Flüssen, alten Kastanienbäumen, Weinbergen und durch kleine Bergdörfer. Auf der Webseite *(www.ecopistadodao.pt)* findest du ausführlich beschriebene Radtouren inklusive Streckenprofil – da ist für jeden was dabei! Einfach ein Fahrrad am Startpunkt in Santa Comba Dão leihen und los geht's! Um dorthin zu gelangen geht es auf die N2 und danach 29 Kilometer über die IP3 bis zur Ausfahrt Santa Comba Dão.

i *Abelenda Bike Rental, Quinta da Abelenda | Vimieiro – Santa Comba Dão | tgl. 8.30–18 Uhr | Verleihkosten pro Tag p.P/Tag 12,50–25 €, bis zu 15 €, Kinderfahrrad pro Tag 10 €, Zusatzbehör pro Tag 3–10 € | Tel. 9 63 44 46 63 | quintadoriodao.com | Reservierung empfohlen, auch per WhatsApp möglich*

P *Schattiger Schotterparkplatz am Fahrradverleih.*

Die leckerste Thunfischpizza weit und breit gibt es in der Pizzeria Nascer do Sol in Carapito nördlich von Viseu (40.4693694, -8.4173341).

76 km Um nach Guarda zu gelangen, begibst du dich auf der N16 stadtauswärts und dann auf die Autobahn A25 Richtung Guarda. Dem Straßenverlauf 63 Kilometer folgen und die Ausfahrt 29 Richtung Guarda nehmen. Der Via de Cintura Externa da Guarda (auch Av. 25 de Abril) über zwei Kreisverkehre folgen. Am dritten Kreisverkehr nimmst du die dritte Ausfahrt und lenkst den Camper rechts auf die Rua da Direcção Geral de Viação.

Spot 6

Guarda

Kulturmekka am Fuß des Naturparks Serra da Estrela ▶ S. 60

127 km

Nächstes Ziel ist Penacova. Stadtauswärts fährst du über die Via de Cintura Externa da Guarda/Viceg und die Av. 25 de Abril auf die Autobahn A25 Richtung Viseu/Aveiro. Der Autobahn 54 Kilometer folgen und die Ausfahrt 22 Richtung Mangualde/Penalva C.lo nehmen. Den Kreisverkehr an der ersten Ausfahrt auf die N234 verlassen und der Straße rund 20 Kilometer über mehrere Kreisverkehre und Dörfer folgen (die N234 wird bisweilen zur A35). In Vimieiro/Souto nimmst du die Ausfahrt Richtung Coimbra/Figueira da Foz und gelangst auf die IP3, der du 22 Kilometer bis zur Ausfahrt 12 folgst und dort auf die N2 Richtung Penacova wechselst. Der N2 dann bis zur Praia Fluvial do Reconquinho folgen.

Penacova

Das teils rurale, teils moderne Bergdorf ist der perfekte Zwischenstopp auf dem Weg nach Coimbra, denn die Stadt liegt umgeben von zwei Bergketten direkt am Mondego-Fluss und bietet wunderschöne Ausblicke und wilde Natur rund um die Stadt.

Praia Fluvial do Reconquinho

Kleine Erfrischung gefällig? Dann ab zum Naturstrand Praia Fluvial do Reconquinho und ein Bad im Rio Mondego nehmen! Der Strand liegt dem Ort, der fußläufig über eine Brücke zu erreichen ist, direkt gegenüber. Außerdem gibt es Sonnenschirme zu mieten und ein Restaurant vor Ort.

Im glasklaren Wasser des Rio Mondego kannst du beim Schnorcheln kleine Fische beobachten.

i *Estrada Nacional 110 | Penacova*

P *Ausreichend Möglichkeiten vor dem Naturstrand, auch für große Autos.*

Vom Aussichtspunkt auf dem Berg Penedo de Castro bietet sich dir ein wunderbares Panaroma. 40.2662124, -8.2882783

22 km Nach dem erholsamen Break kann die Autofahrt entspannt weiter Richtung Coimbra gehen. 18 Kilometer geht es über die N110 bis zu einem großen Kreisverkehr. Dort nimmst du die zweite Ausfahrt Richtung Coimbra/N17, passierst einen weiteren Kreisverkehr und wählst im dritten die dritte Ausfahrt auf die Av. Cónego Urbano Duarte/Rua do Brasil. Hinter der PRIO-Tankstelle scharf links auf die Av. Lousa abbiegen und rechts auf den Parkplatz fahren.

Spot 7 **Coimbra**
Die Vorzeige-Universitätsstadt ▶ **S. 64**

119 km Die Route führt dich weiter nach São Martinho do Porto. Auf der N17 verlässt du Coimbra über den Rio Mondego und wählst am Kreisverkehr die dritte Ausfahrt. Auf der IC3 geht es weiter Richtung A1/Leiria/IC2/Condeixa/Tomar/Aeródromo. Dem Straßenverlauf 2,3 Kilometer folgen und anschließend für 6,3 Kilometer auf die IC2/IC3 Richtung Condeixa/Lisboa wechseln. Am Autobahnkreuz der rechten Spur Richtung Lisboa/Porto folgen. Du gelangst auf die A13-1. Nach wenigen Hundert Metern an der Ausfahrt 11 auf die linke Spur und die A1 Richtung Lisboa/Pombal fahren, um diese nach 52 Kilometern an der Ausfahrt 9 Richtung Leiria/A8 Oeste/N242/M. Grande zu verlassen. Danach die Ausfahrt Richtung Tomar/Ourém auf die N113 nehmen und der A8 weiter für 45 Kilometer bis zur Ausfahrt 21 Richtung Alfeirerão folgen. Danach fährst du auf der N242 bis nach São Martinho do Porto.

São Martinho do Porto

Die kleine Küstenstadt liegt zwar nur ein paar Fahrminuten südlich von Nazaré, ist den Umweg aber wert. Obwohl es an der Küste oft heftig windet, ist der schöne windgeschützte Strand ideal zum Baden. Beim entspannten Schlendern entlang der Strandpromenade kannst du ein Eis schlecken oder einen kühlen Drink in einer der zahlreichen Restaurants mit Meerblick zu dir nehmen. Außerdem gibt es hier zwei schöne Campingplätze.

i Camping Colina do Sol: S. 71 | Parque de Campismo Baia Azul: Av. Marginal, S. Martinho do Porto, 39.4969672,-9.1528522, Tel. 2 62 98 98 47, www.freguesiasaomartinhodoporto.pt, 45 Stellplätze, €€

P *Direkt am Strand neben dem Campingplatz Baía Azul.*

Dunas Salir do Porto

Ein Highlight für Actionfans und Freunde der verrückten Bespaßung! Von der 50 Meter hohen Düne hat man nicht nur einen unglaublichen Ausblick, sondern kann diese auch herunterrodeln, wenn man sich traut. Ob auf einem Surfboard, einem Stück Pappe oder sonstigen Gegenständen, im Affenzahn geht's die Düne hinunter!

i *R. Dom Fernando 50 | Salir do Porto*

Von der Düne aus hat du einen 360-Grad-Panoramablick auf das Meer und die Umgebung – wenn das kein perfektes Motiv ist.

15 km Der Weg zum Tourenziel Nazaré ist kurz und einfach: Über die N242 9 Kilometer Richtung Nazaré, bis man an einem großen Kreisverkehr an der dritten Ausfahrt Richtung Strand fahren kann. Dort gelangst du direkt zu einem großen Parkplatz.

Ziel & Spot 8

Nazaré

Das Dorf der Monsterwellen ▶ **S. 68**

Optionaler Anschluss: Tour C ▶ **S. 72**

PIRATENNEST

Die Bucht von São Martinho do Porto liegt geschützt vor Wind und Wellen des Atlantiks

Aveiro

Eine wunderbare Mischung aus Holland, Italien und Portugal

Kleine, entzückende, bunt gestreifte Häuser, die sich in Reih und Glied am Meer wie an einer Perlenschnur aufreihen, Fahrräder wohin das Auge reicht und ein verschlungenes Kanalsystem, das von Gondeln wie aus Venedig befahren wird – die Stadt am Meer ist noch ein echter Geheimtipp! Und räumt nicht nur in Sachen Kultur und Stadtleben die volle Punktzahl ab, sondern besticht auch durch Natur pur in Zentrumsnähe – eine perfekte Kombination!

P *Cais do Paraiso, 40.640487, -8.657824*

FARBENFROH

Gute Stimmung kommt in Aveiro wie von selbst durch die bunten Farben von Schiffen und Häusern

AKTIVITÄTEN & SIGHTSEEING

1 Auf Streife an der Costa Nova

Hinter dem Sandstrand an der Promenade der Costa Nova stellen sich die wohl fotogensten Strandhäuser Portugals zur Schau: gelb-weiß, rot-weiß, blau-weiß oder grün-weiß gestreift zur Schau. Ehemals von Fischern als Lagerstätten genutzt sind sie heute zum Feriendomizil und Fotomotiv umfunktioniert.

2 Erkundungstour mit Buga Bikes

In Aveiro ist das flache Gelände wie gemacht für eine Expedition mit dem Drahtesel. Die Leihfahrräder von **Loja Buga** kann jeder komplett umsonst nutzen. Schnapp dir einfach eins der 350 Bikes an einer der Leihstationen und erkunde die Lagune, die Strände oder die City. ***Infos:*** *Loja Buga, Praça do Mercado 2 | Aveiro | tgl. 10–19 Uhr | Pfand: Personalausweis oder Führerschein, Fahrradschloss gratis*

Insider-Tipp

Historie in blau-weißen Bildern

Fahr unbedingt am alten Bahnhofsgebäude vorbei: Die farbigen Azulejos an einer Wand bieten Geschichtsunterricht in Bunt.

3 Venedig in Portugal – eine Moliceiro-Bootstour

Die traditionellen Moliceiros-Boote, die früher zum Seegrasfischen genutzt wurden, sehen aus wie farbenfrohe Varianten der venezianischen Gondeln. Gemütlich schippert man über die Kanäle mitten durch die Stadt und der Gondoliere liefert die wichtigsten Infos sowie interessante Geschichten zu den vorbeiziehenden Sehenswürdigkeiten. ***Infos:*** *Cais dos Moliceiros | Aveiro | 45 Min. Bootsfahrt p.P. 10 € | Tel. 9 10 72 89 78 | sentiraveiro.pt | vorher online buchen, Treffpunkt am Ria-Fluss, genaue Adresse bei Buchung*

4 Die Würze des Lebens der Salinas de Aveiro

Auf einer Führung erfährst du alles über die Geschichte der Salinen, die frühere traditionelle und heutige Salzproduktion aber auch über Flora und Fauna. ***Infos:*** *Salinas de Aveiro, Rua do Dr. Bernardino Machado 8 | Aveiro | tgl. 11 u. 15 Uhr | 45 Min. Führung p.P. 4 €, Kinder 2 € | Tel. 9 61 93 73 53 | salinas aveiro.com*

AUSGEHEN

5 Mercado Negro

Die kultige Bar direkt gegenüber vom Kanal ist der beste Platz, um gemütlich einen Drink zu schlürfen, Leute zu beobachten und neue Bekanntschaften zu schließen. Regelmäßig übernehmen Livebands die akustische Untermalung und allerlei Events sorgen für Abwechslung. ***Infos:*** *R. João Mendonça 17 | Aveiro | Mo 21–2, Di–Fr 17–2, Sa/So 14–2 Uhr | Tel. 2 34 13 35 01 | €€*

ESSEN & TRINKEN

6 O Bairro

In dem gemütlichen, modernen Restaurant wird an alten Holztischen hervorragende mediterrane und portugiesische Küche serviert. Besonders beliebt sind das cremige Risotto und *Ovo Mole à Bairro*, die süße Spezialität aus Aveiro. ***Infos:*** *Largo da Praca do Peixe 24 | Aveiro | Do–Di 12.30–15 u. 19.30–23 Uhr | Tel. 2 34 33 85 67 | €€ | Facebook: obairrorestaurante*

7 MUSGO – Restaurante Vegan

Trendy und gesund: Auf der täglich wechselnden Speisekarte stehen frisch zubereitete, vollwertig vegetarische, vegane und glutenfreie Gerichte. ***Infos:*** *Rua do Ten. Rezende 37 B | Aveiro | Di–Sa 12.30–15 u. 19.30–22 Uhr, So 12.30–15 Uhr| Tel. 2 34 42 40 75 | €€ | Facebook: MUSGOVegetariano*

8 Doce Infusão

In dem café-ähnlichen Restaurant gibt es einen grandiosen Tosta Mista mit knusprigem Brot und köstlichem Käse. Außerdem machen Wraps, Sandwiches und allerlei Süßkram das Rennen. Die kleine Terrasse ist der beste Platz für ein gemütliches Frühstück! ***Infos:*** *Largo da Apresentação 4 | Aveiro | Mo–Fr 8–20, Sa/So 9–21 Uhr | Tel. 2 34 34 54 14 | doceinfusao.com | €*

EINKAUFEN

9 Cais À Porta

Hier gibt es alle möglichen und unmöglichen schönen Dinge, die das Leben bunter machen: von Accessoires über Klamotten bis zu Dekoartikeln – handverlesen und von portugiesischen Designern entworfen. ***Infos:*** *Cais das Falcoeiras 6 | Aveiro | Di–So 10–13.30*

FLORIDASTYLE

Am Costa Nova Beira Litoral de Aveiro kannst du schon mal einen Blick auf die Lagune wagen

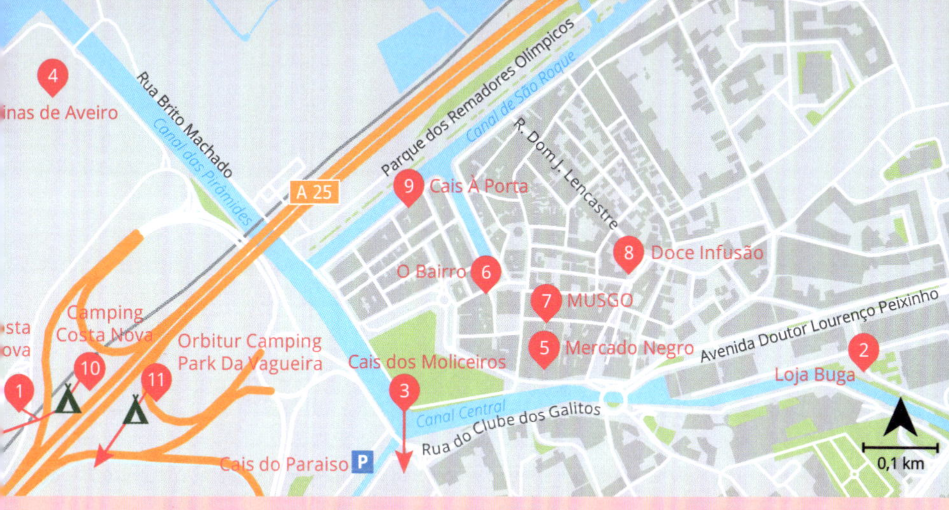

u. 15–19 Uhr | Tel. 2 34 06 30 85 | Facebook: caisaporta

STELL- & CAMPINGPLÄTZE

10 Natur pur und direkt am Meer

Schöner kann ein Campingplatz wirklich nicht liegen: auf der Landzunge vor Aveiro mit der Lagune im Rücken. Auf dem grasgrünen Platz trennen Laubbäume die einzelnen kleinen Palen ab, von wo aus man die Dünen sehen und das Meer riechen kann. Die Dusch- und Toilettenräume sind relativ modern und sauber. Das Personal steht bei Fragen freundlich und hilfsbereit zur Seite und auch über den Preis kann man nicht meckern.

Camping Costa Nova

€ | Av. José Estevão 592 | Gafanha da Encarnação
Tel. 2 34 39 32 20 | campingcostanova.com
GPS: 40.6282407, -8.7468044

- **Größe:** *55 Stellplätze*
- **Ausstattung:** *Direkter Strandzugang, geöffnet 21.3.–1.10*

11 Ruhiger Platz unter Pinien

16 Kilometer von Aveiro entfernt liegt der entspannte, ruhige Campingplatz. Der Platz hat zwar keinen direkten Zugang zum Strand, aber man ist dennoch in wenigen Gehminuten am Meer. Die einzelnen Parzellen sind groß und durch die vielen Pinien wohlbeschattet. Wem der Weg zum Strand von Vagueira zu weit ist, der kann einfach eine Runde im Pool planschen. Eine praktische Camperstation zum Reinigen des Vans ist ebenso vorhanden wie ein TV-Raum, Waschmaschinen und eine Snackbar. Der nächste Supermarkt liegt fußläufig.

Orbitur Camping Park Da Vagueira

€€ | R. Parque do Campismo 28 | 3840-254 Gafanha da Boa Hora
Tel. 2 34 79 75 26 | orbitur.pt
GPS: 40.558335661875, -8.744666576385

- **Größe:** *34 Stellplätze*

Guarda

Kulturmekka am Fuß des Naturparks Serra da Estrela

Vorhang auf für das zu Unrecht unterschätzte Hinterland Portugals! Die Bergstadt Guarda und der angrenzende Nationalpark Serra da Estrela überzeugen mit schroffen, teils schneebedeckten Bergketten, einem Dauerabo für Premiumausblicke, abenteuerlichen Wanderungen und einem spannenden Kultur- und Eventprogramm in der historischen Altstadt von Guarda. Außerdem erwartet dich der höchste Berg Portugals – noch Bedenken?

P *Wohnmobilservicestation in der Nähe des Bahnhofs, R. da Direcção Geral de Viação, 40.5495, -7.242*

SCHWINDELFREI?

Der Blick vom *Torre* auf die Straße lässt keinen Zweifel daran: Hier geht's wirklich hoch hinaus

AKTIVITÄTEN & SIGHTSEEING

1 Höher geht's nicht mehr – der Torre

Mit 1.993 Metern ist der Torre im Nationalpark Serra da Estrela der höchste Punkt des portugiesischen Festlands. Du genießt einen fantastischen Ausblick auf die Umgebung und die teils schneebedeckte Bergwelt. Zwei kleine Kapellen erwarten deinen Besuch *(großer Parkplatz auch für Camper)*. Man kann aber auch von **Manteigas** aus über diverse Wanderwege zur Spitze gelangen *(Infos in der Touristeninfo)*. ***Infos:*** *Rua Dr. Esteves de Carvalho 2 , 6260-144 Manteigas*

Insider-Tipp

Vom Wollknäuel zum Pullover

In der Burel Factory von Manteigas kannst du dir umsonst den Produktionsprozess von Wolle ansehen.

2 Zum Poço do Inferno wandern

Umgeben von dichtem Wald und steilen Felsen wandert man über den ausgeschilderten Manteiga Trilhos Verdes Trail zum Wasserfall. Auf der 2,5 Kilometer langen Strecke werden 69 Höhenmeter bewältigt. Am Wasserfall kannst du dich in der kleinen Lagune abkühlen oder ein Picknick machen (retour auf gleicher Strecke). ***Infos:*** *Rua 1º de Maio | manteigastrilhosverdes.com | PR1MTG: Beschreibung auf der Webseite* ***Parkplätze:*** *40.3731811, -7.5222545*

3 Bummel durch das historische Zentrum

Ziemliche coole Sehenswürdigkeiten – die eindrucksvolle Praça Luís de Camões, die alte Stadtmauer aus dem 13. Jh. oder die gotische Kathedrale. Beim Streifzug durch die alten Gassen und Flanieren über die großen Plätze wird auf jeden Fall schnell klar, dass Guarda eine Menge an Kultur und Geschichte zu bieten hat!

4 Wie es früher war: Museu da Guarda

Das Museum nimmt dich mit 4.800 Artefakten, von Skulpturen über traditionelle Spiele bis zu Fotos, mit auf eine Reise in die Vergangenheit der Stadt. ***Infos:*** *Rua Alves Roçadas 30 | Guarda | Di–So 9–12.30 u. 14–17.30 Uhr | Eintritt 2 € | Tel. 2 71 21 34 60 | museodaguarda.pt*

REGENTAG – UND NUN?

5 Teatro Municipal da Guarda

Im Gegensatz zum historischen Surrounding erscheint das Stadttheater nahezu futuristisch. In dem minimalistischen Würfel aus Beton und Glas finden erstaunlich viele und moderne Events statt. Ob Konzerte, Theateraufführungen oder Lesungen, das Theater gilt als Aushängeschild für die ganze Region. ***Infos:*** *R. Batalha Reis 12 | Guarda | Eintritt veranstaltungsabhängig | Tel. 2 71 20 52 40 | tmg.com.pt*

ESSEN & TRINKEN

6 Simple.Guarda

Der moderne Italiener im Stadtzentrum ist ideal für einen leckeren Lunch oder ein gemütliches Abendessen. Unbedingt die Pizza Peperoni oder Diavolo probieren! ***Infos:*** *R. Vasco Borges 20 | Guarda | Mo–Sa 12–14 u. 19–21.30 Uhr | Tel. 2 71 21 21 49 | € | Facebook: Simple. Guarda*

7 Vallecula

In dem urigen rustikalen Steinhaus gibt es köstliche traditionell-portugiesische Küche mit modernen Komponenten. Die Weinauswahl ist groß und sorgfältig zusammengestellt. Unbedingt reservieren! ***Infos:*** *Praça Dr. José de Castro 1 | Valhelhas | Di–Sa 12.30–15 u. 19.30–22, So 12.30–15 Uhr | Tel. 2 75 48 71 23 | € | Facebook: Restaurante Vallecula*

8 Nobre Vinhos e Tal

Die köstlichen portugiesisch-mediterranen Gerichte rundet eine exquisite Weinauswahl ab. Außerdem locken die *petiscos*, portugiesische Tapas, den Tag an den kleinen Holztischen umgeben von Weinregalen ausklingen zu lassen. ***Infos:*** *Largo Dr. Amandio Paúl 5 | Guarda | Mo 18–23, Di–Fr 12–14.30, Sa 18.30–24 Uhr | Tel. 9 61 76 54 80 | nobrevinhosetal.com | €€*

EINKAUFEN

9 Mercado Municipal

Auf den ersten Blick macht die Markthalle keinen besonders einladenden Eindruck, aber es zählen ja die inneren Werte und die können sich sehen lassen: frisches Gemüse und Obst, Kräuter, Blumen und sehr leckere Oliven soweit das Auge reicht – natürlich vom

PINIENBESCHATTET

Auf dem Campingplatz Rossio de Valhelhas kannst du getrost den Picknicktisch aufbauen

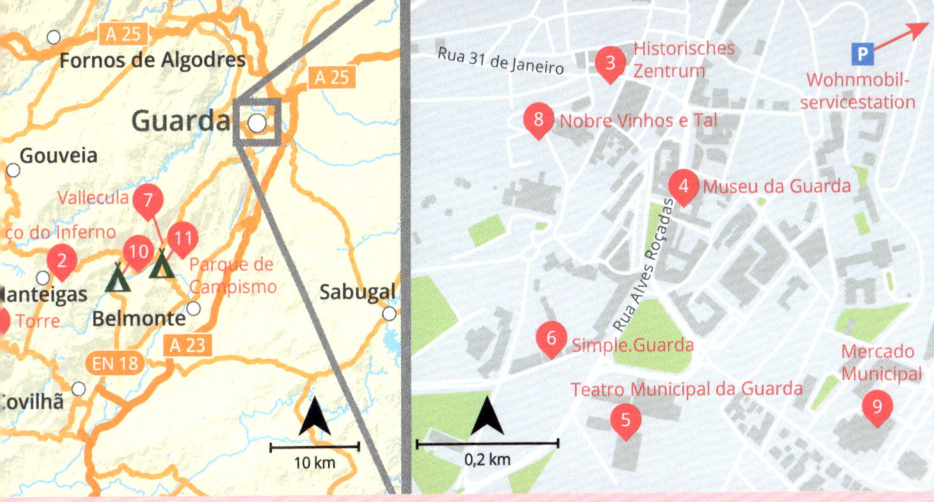

Bauern um die Ecke. ***Infos:*** *R. Duque de Bragança | Guarda | Mo–Fr 7–18, Sa 7–13 Uhr*

STELL- & CAMPINGPLÄTZE

10 Erholung pur mitten im Nationalpark

Naturfans aufgepasst: Der Campingplatz mit grasbewachsenen Parzellen liegt im Vale do Beijames, einem der spektakulärsten Täler des Serra-de-Estrela-Nationalparks, auf 540 m Höhe. Der Rio Beijames fließt direkt nebenan und sorgt neben der großen Baumvielfalt mit leisem Plätschern für eine extra Portion Erholung. Abends geraten die Grillplätze zum beliebten Treffpunkt. Dass den Besitzern die Natur am Herzen liegt, zeigt auch das Mülltrennsystem mit Komposthaufen.

Parque de Campismo Rural Vale do Beijames

€€ | Caminho Municipal 501 Km 4 | 6260-403 Vale de Amoreira
Tel. 9 61 23 60 40 | campingbeijames.com
GPS: 40.388494935744, -7.447915077209

▸ **Größe:** *50 Stellplätze*

11 Entspannter Platz inklusive Flusszugang

Dieser Campingplatz im Grünen hat einen eigenen Zugang zum Rio Zêzere, in dem du überwacht baden kannst. Nach einer Runde planschen spenden die vielen Bäume rund um die Parzellen nicht nur Schatten, sondern schaffen auch ausreichend Platz für die Hängematte oder die Wäscheleine. Außerdem gibt es Waschmaschinen, einen Picknickplatz, eine Camperstation zum Reinigen des Vans sowie ein Restaurant und eine Bar! Warum also den Platz verlassen, wenn es doch so relaxt zugehen kann?

Parque de Campismo Rossio de Valhelhas

€€ | En 232 | 6300-235 Valhelhas
Tel. 9 62 91 42 78 | valhelhascamping.com/pt-pt
GPS: 40.4014657, -7.3960196

▸ **Größe:** *45 Stellplätze*

Coimbra
Die Vorzeige-Universitätsstadt

Charmant, historisch und trotzdem angenehm modern und unaufgesetzt cool: In der kleinen Universitätsstadt Coimbra pulsiert das Leben in historischem Ambiente. Zahlreiche Sehenswürdigkeiten wollen entdeckt werden. Dich erwartet nicht nur die älteste Uni des Landes, sondern auch eine romantische Altstadt, leckeres Essen und nostalgische Fado-Musik. Und das Beste: Coimbra ist kaum touristisch!

P *Avenida Lousã, 40.2006, -8.42398*

WISSENSDURSTIG

Wer würde nicht gerne an der Universität von Coimbra zu den Büchern greifen?

AKTIVITÄTEN & SIGHTSEEING

1 Schöner geht studieren nicht – Universidade de Coimbra

Die Universität von Coimbra wurde 1290 vom portugiesischen König gegründet und ist damit die älteste Portugals und eine der ältesten ganz Europas. Heute studieren etwa 21.000 Studenten in den altehrwürdigen Gemäuern, rund zehn Prozent kommen aus dem Ausland und verleihen der Stadt internationales Flair. Um viel interessantes Know-how zu bekommen, ist eine Führung empfehlenswert. ***Infos:*** *Universidade de Coimbra | Coimbra | tgl. 9–19 Uhr | je nach Programm 2 €, bis 12 € | Tel. 2 39 85 99 00 | uc.pt/en | Tour mind. drei Tage vorher online buchen*

2 Traditionelle Musik im Fado ao Centro

Fado nennt man die traditionelle Musik Portugals, die voller Nostalgie und schaurig-schöner Traurigkeit steckt. In der kleinen, gemütlichen Location finden täglich intime Livekonzerte für rund 20 Personen statt, die einen zum Träumen bringen. ***Infos:*** *Rua do Quebra Costas 7 | Coimbra | tgl. Liveshow um 18 Uhr | Ticketpreis p.P. 10 €, Ticket vorher online oder telefonisch buchen | Tel. 2 39 83 70 60 | fadoaocentro.com/en*

3 Nicht nur für Bücherwürmer – Biblioteca Joanina

So muss Bibliothek: Dieses barocke Musterexemplar jedenfalls sucht seinesgleichen. Riesige, mit Büchern vollgepackte Regale aus dunklem Holz, überall goldene Verzierungen und Stuck sowie ein imposanter roter Teppich – da fühlt man sich doch gleich wie ein wichtiger Professor. ***Infos:*** *Pátio das Escolas da Universidade de Coimbra | Coimbra | tgl. 9–19 Uhr | Eintritt p.P. 12,50 € | Tel. 2 39 24 27 44 | uc.pt/bguc*

Insider-Tipp
Muße für Bücherwürmer

Ein Besuch der Bibliothek empfiehlt sich besonders zur Mittagszeit zwischen 12 und 15 Uhr. Dann kann man in Ruhe Bücherluft atmen.

4 Entspannen im Jardim Botânico

Exotische und heimische Flora und Fauna aus den verschiedensten Ländern der Welt macht den ebenfalls der Uni angeschlossenen, 13 Hektar großen Botanischen Garten zu einem grünen Paradies. Zwischen Alleen mit exotischem

AUSGEHEN

5 Quebra o Galho – Casa de Fado

Neben kühlen Drinks und Fastfood feiert man hier auch Jazzkonzerte, die im Sommer den vorgelagerten Platz in eine Partymeile verwandeln. Vor allem Studenten bevölkern die kleine Bar und machen sie zu einem beliebten Treffpunkt. ***Infos:*** *Rua de Quebra Costas 12 | Coimbra | tgl. 16–23 Uhr | Tel. 9 18 65 15 95 | quebragalho.pt | €-€€*

Baumbestand und gepflegten Rasenflächen fallen immer wieder Monumente, Brunnen oder Statuen ins Auge, die Bezug zur Unigeschichte haben. ***Infos:*** *Jardim Botânico da Universidade de Coimbra | Calçada Martim de Freitas | Coimbra | tgl. 9–17.30 Uhr*

ESSEN & TRINKEN

6 Taberna Laura

Kleine Holztische, weiße kitschige Stühle und schöne Lampen verleihen dem Restaurant einen romantischen Touch – man spürt die Liebe zum Detail. Engagiertes Personal serviert fantastische, schön angerichtete portugiesisch-mediterrane Küche. ***Infos:*** *Rua dos Gatos 29 | Coimbra | Di–Fr 19–22, Sa/So 12–15 u. 19–22 Uhr I Tel. 2 39 82 09 75 | €€-€€€ | Facebook: Taberna-LAURA*

7 Passeite Taberna Do Azeite

Hier steht vor allem eins im Fokus: köstliches Olivenöl von der hauseigenen, familienbetriebenen Farm. Zu jedem der international-modernen, gesunden Speisen werden Brot, Oliven und Olivenöl gereicht. Da nimmt man doch gleich eine Flasche mit! ***Infos:*** *Rua da Sota 44 | Coimbra | Mo 12.30–15, 18–21.30, Di–Do u. So 12.30–15 u. 18–22, Fr 12.30–15 Uhr | Tel. 9 10 71 81 82 | passeite.com | €€-€€€*

8 Café Santa Cruz

In historischem Setting unter einem hohen, stuckbehangenen Gewölbe kann man Kaffee und Pastel de Nata genießen und sich durch sämtliche Toastvarianten durchprobieren. Eine Institution in Coimbra! ***Infos:*** *Praça 8 de Maio | Coimbra | tgl. 8–24 Uhr | Tel. 2 39 83 36 17 | cafesantacruz.com | €*

KONSERVIERT

Leckerer Inhalt kunstvoll verpackt – im Comur macht das Einkaufen Spaß

EINKAUFEN

9 Comur – Conserveira de Portugal

Touristisch, aber dennoch faszinierend: In dem kitschigen Gebäude mit goldenem Stuck an den bunt bemalten Wänden gibt es unzählige, wunderschön bedruckte und mit Köstlichkeiten gefüllte Konserven zu bewundern und gerne auch zu kaufen. ***Infos:*** *Largo da Portagem 25 | Coimbra | tgl. 10–22 Uhr | comur.com*

STELL- & CAMPINGPLÄTZE

10 Komfortabel und stadtnah

Ideal für die Besichtigung der Altstadt von Coimbra zu Fuß oder mit dem Bus. Der große grüne Platz befindet sich in direkter Nähe zum Mondego-Fluss und nur wenige Gehminuten zu einem Supermarkt. Die sanitären Anlagen sind modern und sauber. Für die Erfrischung nach dem Stadtbummel sorgt ein Sprung in den großen Pool. Ein Restaurant, ein Fitnessstudio und ein kleiner Minigolfplatz runden das Angebot ab.

Coimbra Camping & Bungalows

€€ | Rua da Escola, Alto do Areeiro | 3030-011 S. António dos Olivais
Tel. 2 39 08 69 02 | coimbracamping.com/de
GPS: 40.1887789, -8.398843399999

▸ **Größe:** *750 Stellplätze*

11 Im grünen Umland von Coimbra

Eine gute Wahl für alle, die ruhe- und naturverliebt sind! Rund 20 Kilometer von Coimbra entfernt liegt der Platz im ländlichen, verträumten Góis. Von schattenspendenden Laubbäumen umgeben herrscht hier eine angenehm entspannte und freundliche Atmosphäre. Das höfliche Personal erfüllt die meisten Wünsche. Die sanitären Anlagen sind zwar nicht die neuesten, dafür aber sauber. Besonders Naturfreunde werden den Campingplatz auf dem Berg über der Stadt Góis lieben.

Góis Camping

€€ | Parque do Castelo | 3330-309 Góis
Tel. 9 61 40 18 59 | goiscamping.com
GPS: 40.154376000000, -8.1139598

▸ **Größe:** *Platz für 349 Personen*

Nazaré
Das Dorf der Monsterwellen

Durch die jährlichen Megawellen ist das ehemals verschlafene Fischerdorf an der Küste in aller Munde. Sobald die Wintersaison einkehrt, dreht sich hier alles um das Surfen von bis zu 30 Meter hohen Wellen. Doch auch im Sommer kann Nazaré einiges bieten und entpuppt sich als beliebtes Feriendomizil mit endlos langen Sandstränden, netten Bars, kleinen Gassen und einer wunderschönen Kirche! Eins steht fest: Nazaré kann mehr als nur Riesenwellen.

P *Kostenloser Parkplatz, Av. Manuel Remígio, 39.588674596395784, -9.074921607971191*

MONSTERMÄSSIG

Kleine Surfstunde gefällig? Allein beim Anblick der Riesenwellen in Nazaré stockt einem der Atem

AKTIVITÄTEN & SIGHTSEEING

1 Farol da Nazaré

Hier wird Geschichte geschrieben! Jedes Jahr im Winter treffen sich am berühmten Farol de Nazaré verrückte Surfer, um Riesenwellen zu surfen. Die bisher höchste, gesurfte Welle in Nazaré maß 35 Meter und wurde vom Portugiesen Hugo Vau geritten. Vom Leuchtturm aus hast du einen phänomenalen Überblick über den ganzen Zirkus, die Wellen und das weite blaue Meer. So schön! ***Infos:*** *Estrada do Farol | Nazaré | tgl. 10–20.30 Uhr* ***Parkplätze:*** *kurz vor dem Leuchtturm*

Vom Viewpoint Ondas Nazaré (39.604978, -9.084034) kannst du die allerbesten Bilder von den imposanten Riesenwellen einfangen – und vielleicht auch die besten Stunts der Surfer.

2 Praia do Norte

An der Praia do Norte gesellst du dich auf Augenhöhe mit den Monsterbrechern – eine sehr imposante Perspektive. Bei kleinem Wellengang ist der Strand perfekt zum Relaxen, Spazieren oder Schwimmen. ***Parkplätze:*** *ausreichend Parkmöglichkeiten am Strand, im Sommer kann es allerdings voll werden*

3 Ascensor – Nazaré Funicular

Seit dem 19. Jh. fährt die Zahnradbahn von der Altstadt in 15 Minuten bis zur Endstation Largo das Caldeiras. Dabei erklimmt mit steilen 42 Prozent Steigung 318 Meter. Es erwartet dich ein wunderbarer Blick über Nazaré, seine Strände und den Atlantik. ***Infos:*** *Rua do Horizonte 20 | Nazaré | 1. Okt.–30. Mai 7.30–20.30, 1. Juni–30. Sept. 7.30–24, 12. Juli–14. Sept. 7.30–2 Uhr | Hin- und Rückfahrt p. P. 2,90 €, 4–12 Jahre 1,90 €, einfache Fahrt p.P. 1,50–1 € | viagensemiudos.pt/ascensor-da-nazare*

4 Igreja de Nossa Senhora da Nazaré

Von außen sieht die Kirche aus dem 14. Jh. aus wie jede andere und wirkt unspektakulär. Von innen versetzt dich der Anblick allerdings ins Staunen, denn die Wände und Decken sind mit wunderschönen Bildern, Kacheln, Verzierungen und Stuck geschmückt. Alles glänzt und glitzert. Je länger man sich in der Kirche umschaut, umso mehr Details fallen auf! ***Infos:*** *Largo de Nossa Sra. da Nazaré | Nazaré | tgl. 9–13 u. 14–18 Uhr*

AUSGEHEN

5 Inn Bar

In der Inn Bar wird gefeiert, was das Zeug hält, und der Name wird Programm für alle Feierwütigen in Nazaré. Bevor die Partymeute antanzt, kann man hier auch in aller Ruhe einen Cocktail schlürfen, einen Toast essen und den Blick aufs Meer genießen! ***Infos:*** *Avenida Manuel Remígio 123–129 | Nazaré | Mo–So 10–20 Uhr | Tel. 2 62 10 00 24 | innbar.negocio.site/ | €*

ESSEN & TRINKEN

6 TOSCA Gastrobar

In dem modern-schicken, etwas versteckt liegenden Restaurant steht mediterrane Küche auf dem Speiseplan: von Fischgerichten über Fleisch bis hin zu vegetarischen Gerichten; dazu noch eine üppig besetzte Weinkarte. ***Infos:*** *Rua Mouzinho de Albuquerque 4 | Nazaré | Mo–So 12–15 u. 19–22 Uhr | Tel. 2 62 56 22 61 | €€-€€€ | Facebook: Tosca Gastrobar*

7 NATA Lisboa Nazaré

Unzählige Variationen der namensgebenden Spezialität *Pastel de Nata* – knuspriger Blätterteig mit einer cremigen Sahnefüllung – bestimmen die Speisekarte. ***Infos:*** *Praça Sousa Oliveira 46–49 | Nazaré | Mo–So 8–22 Uhr | Tel. 9 63 28 06 69 | natalisboa.com | €*

8 Taberna da Praia

Mit direktem Blick aufs Meer serviert man in marinem Ambiente moderne, portugiesisch-mediterrane Küche. Der Fisch ist fangfrisch und köstlich zubereitet. ***Infos:*** *Avenida da Republica 28 | Nazaré | Do–Di 12–22 Uhr | Tel. 9 28 05 32 61 | €€*

EINKAUFEN

9 Ceramirupe-Cerâmica

Willkommen im Keramikhimmel! Hier gibt es Schalen, Schüsseln, Teller, Becher und Tassen in allen Formen und Größen. Die Kollektionen wechseln oft und werden im Hinterhaus in Handarbeit hergestellt. Ein absoluter Geheimtipp! ***Infos:*** *Rua do Porto Linhares 12 | Cós Castanheira | Mo–Fr 9–17.30 Uhr | Tel. 2 62 54 01 00 | ceramirupe.com/en/ | für den Einlass an der Einfahrt klingeln*

RELAXT

Die Aussicht auf die Praia do Norte Nazaré hingegen beeindruckt durch Weite und Traumstrandpanorama

STELL- & CAMPINGPLÄTZE

10 Aufwachen unter grünen Pinien

Der große Platz liegt nicht weit vom Strand entfernt in einem schönen Pinienwald. Die Lage ist ideal, denn die Stadt mit Supermärkten, Bars und Restaurants ist zu Fuß in Kürze zu erreichen. Vor Ort sorgt ein Pool für Erfrischung an heißen Sommertagen. Zusätzlichen Komfort bieten eine Camperstation zum Reinigen des Wohnmobils, ein TV-Raum für Regentage, Waschmaschinen, ein kleiner Supermarkt und eine Snackbar. Kinder können sich auf dem Spielplatz austoben. Das weitläufige Areal sorgt auch im Sommer für eine ruhige und entspannte Atmosphäre.

Camping Orbitur Valado 

€€ | R. dos Combatentes do Ultramar 2 | 2450–148 Nazaré
Tel. 2 62 56 11 11 | orbitur.pt
GPS: 39.5989408, -9.0564178

▶ **Größe:** *350 Stellplätze*

11 Im Nu an der Badebucht

Der große Campingplatz liegt im schönen Nachbarort Praia de São Martinho do Porto rund 15 Fahrminuten von Nazaré entfernt (s. S. 54). Auch hier ist man fußläufig schnell am Strand und kann jederzeit im Meer baden gehen. Auf dem Platz gibt es einige schattige Stellplätze unter Laub- und Pinienbäumen, die allerdings sehr beliebt und im Sommer schnell besetzt sind. Dafür gibt es aber einen Pool, der für die nötige Erfrischung im Sommer sorgt. Die sanitären Anlagen sind gepflegt und sauber. Praia de São Martinho do Porto ist in wenigen Gehminuten zu erreichen und ein kleiner Fußmarsch zur Eisdiele an der Strandpromenade auf jeden Fall empfehlenswert. Ein kleiner Supermarkt, ein Restaurant und Waschmaschinen sind vorhanden. Auf dem Campingplatz geht es trotz der Größe ruhig zu.

Parque de Campismo Colina do Sol

€€ | Serra dos Mangues | 2460–697 São Martinho do Porto
Tel. 2 62 98 97 64 | colinadosol.org
GPS: 39.5158423, -9.1341738

▶ **Größe:** *Platz für 60 Stellplätze*

NO LIMITS

Sonne, Strand und Meer, viel mehr braucht kein Surfer in Peniche

Perfekte Wellen, Cityvibes & Märchenschlösser
Von Peniche nach Évora

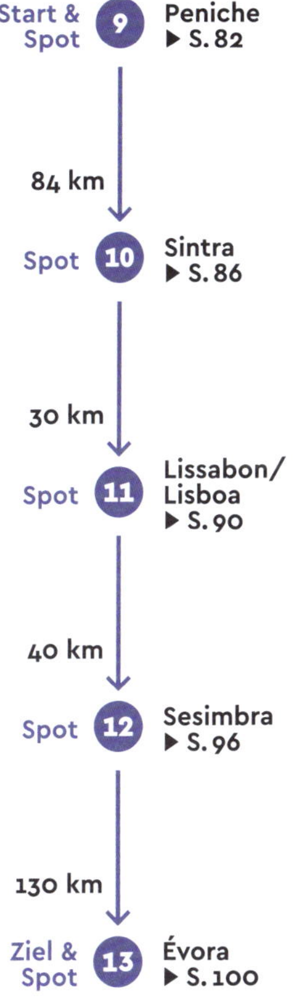

Einmal alles bitte! Reite die Wellen in Portugals Surferparadies Baleal-Peniche, staune im Naturpark Sintra-Cascais über Schlösser wie aus Tausendundeinernacht, stürze dich im hippen Lissabon in den Großstadtdschungel und relaxe rund um Sesimbra an Stränden mit Karibikflair. Was jetzt noch fehlt? Ein Espresso und eine *Pastel de Nata* unter Portugals Sonne in der wunderschönen UNESCO-Weltkulturerbe-Stadt Évora!

Tour C im Überblick

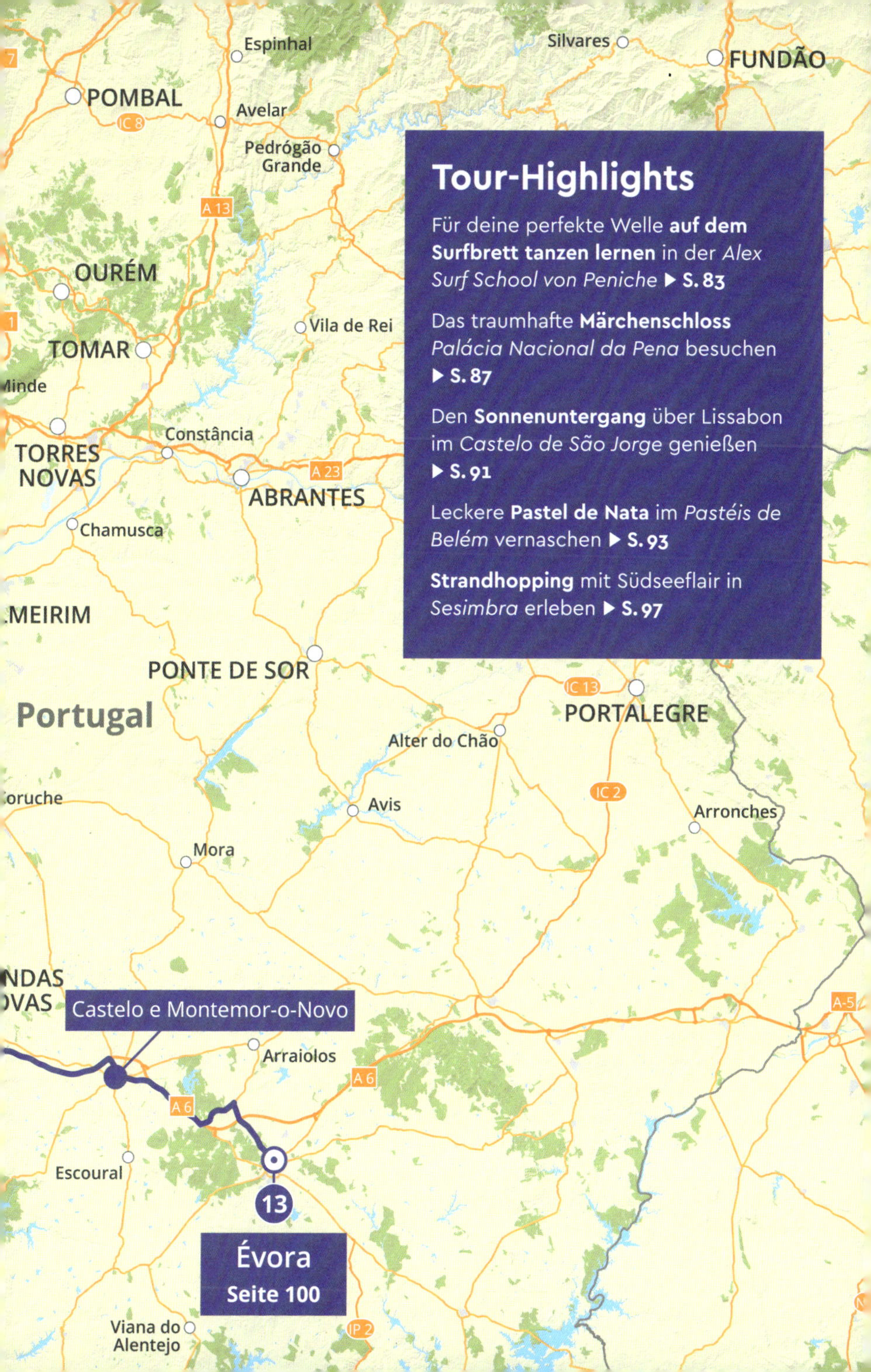

Tour-Highlights

Für deine perfekte Welle **auf dem Surfbrett tanzen lernen** in der *Alex Surf School von Peniche* ▶ **S. 83**

Das traumhafte **Märchenschloss** *Palácia Nacional da Pena* besuchen ▶ **S. 87**

Den **Sonnenuntergang** über Lissabon im *Castelo de São Jorge* genießen ▶ **S. 91**

Leckere **Pastel de Nata** im *Pastéis de Belém* vernaschen ▶ **S. 93**

Strandhopping mit Südseeflair in *Sesimbra* erleben ▶ **S. 97**

Tourenverlauf

Start & Spot 9

Peniche
Bom Dia, Meer und Wellen ▶ S. 82

Optionaler Anschluss: Tour B ▶ S. 68

59 km

Die Tour startet in Peniche, rund eine Stunde nördlich von Lissabon: Von hier aus geht es zunächst auf die Hauptstraße IP6 bis zur Ausfahrt Lourinhã und dann auf die Nationalstraße N247 bis zur Ausfahrt Ericeira. Statt der gebührenpflichtigen Autobahn lohnt sich die Fahrt entlang der Küste über die kurvige N247. Die Fahrt über die Nationalstraße ist nicht nur umsonst, sondern auch eine wunderschöne Strecke, die durch zahlreiche kleine Dörfer wie Santa Cruz, Ribamar und Torres Vedras führt. Unbedingt anhalten solltest du rund zehn Minuten vor Ericeira in dem Küstendorf São Lourenço.

Direkt hinter São Lourenço bietet die Aussichtsplattform an der Praia Ribeira d'Ilhas einen außergewöhnlichen Blick auf Meer, Surfer und Wellen – mehr Postkartenmotiv geht nicht!

Insider-Tipp
Dolce Vita auf Portugiesisch

Die Pizza aus dem Steinofen von Pizza Mobile in Ericeiras Nachbardorf São Lourenço ist heiß begehrt! Je später der Abend, desto länger die Warteschlange.

Ericeira

Auf dem Weg nach Sintra befindet sich die charmante Küstenstadt Ericeira. Das ehemalige Fischerdorf hat eine wunderschöne Altstadt mit kleinen Gassen, buntgekachelten Hausfassaden und vielen modernen und hippen Cafés, Restaurants und Bars. Außerdem gibt es in Ericeira eine große Auswahl an Stränden, die vor allem bei Surfern, aber auch bei Sonnenanbetern sehr beliebt sind. Die Nähe zu Lissabon (rund 30 Fahrminuten) und die Lage am Meer machen Ericeira zu einem gut besuchten Ort. Vor allem im Sommer und am Wochenende flüchten viele Lissabonner aus der Großstadt in die Idylle am Meer, um zu relaxen.

Posto de Turismo da Ericeira e Centro de Interpretação da Reserva Mundial de Surf

Mitten im Zentrum der charmanten Altstadt befindet sich ein wohl gehütetes Geheimnis der Stadt. Im Posto de Turismo da Ericeira e Centro de Interpretação da Reserva Mundial de Surf gibt es eine interaktive Ausstellung zum Thema Surfen, Flora und Fauna rund um Ericeiras Strände. Seit 2011 zählen die Surfstrände São Lourenço, Coxos, Crazy Left, Cave, Ribeira D'Ilhas, Reef und Pedra Branca zum World Surfing Reserve und werden besonders geschützt.

i *Praça da República 17 | Ericeira | tgl. von 10–20 Uhr | Eintritt frei*

P *An der Capela de Santa Marta und am Praça dos Navegantes sind Parkplätze vorhanden. In der Regel muss man hier aber ein wenig suchend herumkreuzen. Alternativ bietet sich der Parkplatz des Supermarkts Continente gegenüber der Altstadt an. Grundsätzlich ist das Parken an einigen Stränden in Ericeira etwas schwierig, denn es wurden wie z.B. am Strand Ribeira D'Ilhas oder Crazy Left Höhenbegrenzungen eingeführt, die die Durchfahrt nur mit dem PKW ermöglichen.*

22 km Der Weg führt dich von Ericeira weiter ins märchenhafte Sintra. Die Fahrt ist kurz und verläuft über entspannte Straßen ohne Schlaglöcher! Von Ericeira aus geht es für wenige Fahrminuten auf die Nationalstraße N116 entlang von Pinienwäldern und dann auf die N247 bis zur Ausfahrt Sintra.

EASY LIVING

In den Dünen von Ericeira findet jeder mit seinem Camper ein schönes Plätzchen

AUSDRUCKSSTARK

Das Geschichtsmuseum in Cascais beherbergt die Werke der von Paula Rego, die hier aufwuchs

Spot 

Sintra
Eine Reise in ein Märchen ▶ **S. 86**

Weiter geht die Reise Richtung Cascais. Von Sintra aus nimmst du die Autobahn A16 und biegst bei der Ausfahrt A5 Richtung Lisboa/Cascais/Oeste ab. Folge nun den Schildern Richtung Cascais Oeste. Jetzt fährst du weiter geradeaus über die Nationalstraße N9-1 und die N6 bis zum Boca do Inferno.

Cascais

Cascais ist Teil von Lissabon und zählt zu den wohlhabendsten Vierteln der Hauptstadt. Zahlreiche Palmen, hübsche exotische Gärten und luxuriöse Villen zieren das Stadtbild. Hier gibt es teure Restaurants, extravagante Shops und viele kleine Buchten zum Baden. Die Strände sind für ihr kristallklares Wasser berühmt, weshalb die Gegend als portugiesische Riviera bezeichnet wird. Die charmante Altstadt mit ihren gemütlichen Cafés und Geschäften lädt zum Schlendern und Verweilen ein – hier lässt sich wunderbar der ein oder andere Espresso oder frisch gepresste Orangensaft in der Sonne genießen. Cascais ist elitär und ein beliebtes Wochenendziel für die Lissabonner zum Entspannen. Aber nicht nur die Schickeria fühlt sich hier wohl, sondern auch die Surferszene zieht das sonnenverwöhnte Juwel vor den Toren Lissabons an. Wenn es Wellen gibt, wird das mondäne Viertel von Lissabons Surfern belebt. Cascais ist eine wunderbar entspannte Symbiose aus Eleganz und Leichtigkeit.

Boca do Inferno

Willkommen am Höllenschlund, dem Boca do Inferno an den Klippen von Cascais. Hier knallt das Meer in die Felsenhöhlen und es entstehen kleine Fontänen, die sich ihren Weg die Klippen hoch suchen. Ein spektakulärer Spot für einen Halt, um die Kraft und die Schönheit der Natur aufzusaugen.

33 km Von Cascais aus geht es wieder zurück auf die Autobahn A5 bis zur Ausfahrt Lissabon. Auch wenn es nur 33 Kilometer von Cascais nach Lissabon sind, kann die Fahrt staubedingt etwas länger dauern. Doch auch ohne Verzögerungen sollte man auf Raser sowie Falsch- oder Gar-nicht-Blinker achtgeben.

Spot 

Lissabon/Lisboa

Einmal Lissabon, immer Lissabon ▶ **S. 90**

Optionaler Anschluss: Tour D ▶ **S. 104**

38 km Nach einer aufregenden Zeit in Lissabon setzt du die Tour in Richtung Süden zur Lagoa de Albufeira fort. Von Lissabon aus startet die Reise mit einer spektakulären Fahrt über die rote Hängebrücke Ponte 25 de Abril. Der Ausblick ist überragend und das Gefühl bei der Fahrt über die Brücke ebenso. Außerdem hast du einen fantastischen Ausblick auf die Jesusstatue Cristo de Rei. Aber aufgepasst, dass du bei der Aussicht nicht den Blick auf die Fahrbahn verlierst. Nun folgst du der Autobahn A2 bis zur Ausfahrt N378/N19 Richtung Sesimbra/Azeitão. Anschließend bleibst du für 15 Kilometer auf der Nationalstraße N378. Einige Kreisverkehre später biegst Du auf die Av. do Alcaide und folgst der Straße neun kurvige Kilometer bis zur Lagoa de Albufeira.

Lagoa de Albufeira

Nach ein paar anstrengenden Tagen voller Pflastertreten in der Hauptstadt ist ein Abstecher zum See genau das Richtige, um zu entspannen und eine Runde im kühlen Nass zu schwimmen. Der Lagoa de Albufeira ist riesig und hat zahlreiche schöne Sandstrandbadestellen. Ein weiterer Pluspunkt: Nur wenige Touristen verirren sich hierher und so kannst du dich zwischen den Portugiesen wie ein richtiger Landsmann fühlen.

P *Direkt am See befinden sich mehrere große Parkplätze mit ausreichend Platz für ein Wohnmobil. Am Wochenende bei Sonnenschein lohnt es sich allerdings vor 14 Uhr da zu sein, sonst wird es knapp mit den Parkplätzen.*

Der geschützte See bietet hervorragende Bedingungen für die ersten Windsurf- oder Kiteversuche, bevor du dich dann in die altantischen Fluten wagen kannst.

23 km Das Bad im kühlen See hat seine Wirkung getan und erfrischt begibst du dich auf die Weiterfahrt zum nächsten Spot, nach Sesimbra. Vom Lagoa de Albufeira aus kehrst du auf die Nationalstraße N377 zurück und folgst ihr für rund zehn Minuten. Dann links auf die N379 biegen und dem Straßenverlauf 4,6 Kilometer folgen. Am nächsten Kreisverkehr die erste Ausfahrt nehmen und über die N378 weiter bis nach Sesimbra fahren.

Spot 12

Sesimbra
Ein Stück vom Paradies ▶ **S. 96**

102 km Das nächste Ziel Richtung Évora heißt Castelo e Montemor-o-Novo. Über Sesimbra geht es zurück auf die N378 durch einige kleine Dörfer und Pinienwald bis zum vierten Kreisverkehr. Dort biegst du an der ersten Ausfahrt auf die Av. 10 de Junho ab. Dem Straßenverlauf sechs Kilometer folgen und am Kreisverkehr auf die A33 Richtung Lisboa/Algarve/A2/Montijo/Barreiro fahren. Nach 2,6 Kilometern die Ausfahrt A33/A39 nehmen. Hinter der Mautstation Richtung Algarve/Espanha/Setúbal fährst du auf die IP7 auf. 33 Kilometer auf der IP7 bleiben und die Ausfahrt 3 Richtung Montemor nehmen. Von dort aus kannst du den Schildern nach Montemor folgen.

Castelo e Montemor-o-Novo

Ein kleiner Wanderweg führt dich nach oben zum Castelo e Montemor-o-Novo. Die alte Burgruine ist umgeben von schönem Grün und

präsentiert dir einen fantastischen Ausblick auf das Umland. Ein paar belegte Brote in den Rucksack packen und oben angekommen gibt es dann „Lunch with a view".

i Rua Condessa de Valenca | Montemor-o-Novo | Eintritt frei

P Kleiner Parkplatz kurz vor der Burg, 38.6435808, -8.2166791

Von der Burg hast du einen 360-Grad-Panoramablick – ideal für ein paar tolle Fotos vom weiten und grünen Umland!

32 km Weiter geht's zum letzten Spot dieser Tour ins wunderschöne Évora. Vom Parkplatz aus verlässt du zunächst die Stadt und lenkst den Camper auf die Nationalstraße N114. Dem Straßenverlauf folgst du 27 Kilometer durch eine einsame Landschaft aus grünen Wiesen und Feldern. Am Ende der Nationalstraße N114 kommst du zu einem großen Kreisverkehr, an dem du die zweite Ausfahrt nimmst. Du gelangst auf die Hauptstaße IP2 oder die Av. Dom Nuno Álvares Pereira. Zwei Kreisverkehre später bist du am Ziel in Évora angekommen.

Spot 

Évora

Kulturfreaks aufgepasst ▶ **S. 100**

MITTELALTERLICH

Der Glockenturm und die nördlich gelegenen Mauern der Burganlage Montemor-o-Novo sind sehr gut erhalten

Peniche
Bom Dia, Meer und Wellen

Surfer, wohin das Auge reicht, schroffe rote Felsklippen und lange Sandstrände – willkommen in Baleal bei Peniche! Hier schmeckt die Luft besonders salzig. Kein Wunder, denn Baleal ragt als Halbinsel ins Meer und ist ein ehemaliges Fischerdorf. Auch wenn es nur noch wenig Fischerei gibt, spielt sich das Leben noch immer am Meer ab. Zwischen langen Strandspaziergängen und Klippenerkundungstouren ist der Sprung auf das Surfbrett ein absolutes Muss!

P *N114, 39.3622025, -9.3709303; Avenida da Praia, 39.366514, -9.337317*

SPITZENLAGE

Hier bist du an vorderster Front, um die Schönheiten der Ilhas Berlengas zu erkunden

AKTIVITÄTEN & SIGHTSEEING

1 Paradiesische Zustände auf den Ilhas Berlengas

Ein bisschen Robinson Crusoe: Erkunde auf einem Glasbodenboot mit **Feeling Berlenga** die kleinen Höhlen und Grotten der Ilhas Berlengas, einer Inselgruppe im Ozean. Im Frühling sind die Inseln kunterbunt mit Blumen übersät, im Sommer ist ein Sprung ins Meer ein Muss, um Fische zu beobachten. ***Infos:*** *Feeling Berlenga | Largo da Ribeira | Peniche | Fähre und Höhlentour p.P. 28 €, im August p.P. 31 €, Tickets am besten online reservieren | Tel. 9 61 20 96 59 | feelingberlenga.pt*

Insider-Tipp

Sundowner am Leuchtturm

Vom Leuchtturm am Halbinselzipfel von Peniche hast du einen Premium-Sonnenuntergangsausblick.

2 Eine Portion Endorphine bei Alex Surf School

Glückshormongarantie: Stell dir vor, du springst auf dein Surfbrett und reitest eine Welle nach der anderen. Gut, ganz so leicht ist das nun auch wieder nicht, aber dafür bringen dir hier professionelle Surflehrer alles über Wellenentstehung, Wetterkunde und das Surfen bei. ***Infos:*** *Av. do Mar 138 | Baleal | Gruppen-Surfstunde Hauptsaison 35 €, Nebensaison 30 €, 5-tägiger Gruppensurfkurs Hauptsaison 275 €, Nebensaison 250 € | Tel. 9 18 36 36 28 | alexsurf school.com*

3 Yoga im Bukubaki Resort

Umgeben von Pinienwald, Baumhäusern und Campingzelten ist das genau die richtige Atmosphäre, um im Yogaraum die Augen zu schließen und dem Körper etwas Gutes zu tun! Eine Sauna und fabelhaftes italienisches Essen gibt es übrigens auch. ***Infos:*** *Eco Surf Resort Bubukaki, R. do Juncal 6 | Atouguia da Baleia | Kurszeiten telefonisch erfragen | Tel. 9 67 13 89 17 | bukubaki.com*

4 Mit dem Klappstuhl an der Lagune von Óbidos chillen

Eingebettet in Pinien- und Eukalyptuswäldern kann man hier den Klappstuhl aufklappen, Kaffee kochen, die Beine hochlegen und genießen! Zu langweilig? Dann einmal entlang der Lagune bis zum Meer wandern, Kitesurfen oder Angeln.

REGENTAG – UND NUN?

5 Besuch im RIDE Surf Resort & Spa

Das Spa der coolen Sorte: Mit dabei sind eine Sauna, ein türkisches Dampfbad, ein Fitnessstudio, ein Schwimmbad und ein Skatepark – hier ist nichts altbacken, alles komplett modern. Im Angebot steht ein Rundum-Verwöhnprogramm für nur 5 Euro. Genau das Richtige für einen Regentag oder zur Entspannung nach dem Surfen. ***Infos:*** *Ride Surf Resort & Spa | R. Bartolomeu Dias | Peniche | Tagespreis 5 € | Tel. 2 62 24 73 50 | ridesurfresort.com*

ESSEN & TRINKEN

6 Taberna do Ganhão

In dieser urigen Taverne gibt es einen Star des Abends, der gerne allen anderen Gerichten die Show stiehlt! Dürfen wir vorstellen: das wohl beliebteste Thunfischsteak der ganzen Stadt. Extrapunkte heimst das gemütliche Ambiente ein. ***Infos:*** *Largo dos Amigos Baleal 1 | Peniche | Mo–Sa 12.30–22 Uhr | Tel. 2 62 28 63 81 | €€*

7 Sol é vida Consolaçao

Frischen Fisch essen gehen kann jeder, aber nicht mit diesem Ausblick! In dem Fischrestaurant in Consolaçao gibt es für den kleinen Groschen viel frischen Fisch. Das Besondere: der spektakuläre Ausblick, denn das Restaurant ragt förmlich ins Meer hinein. ***Infos:*** *Largo Nossa Sra. da Consolação 9 | Atouguia da Baleia | Di–So 12–22 Uhr, ab 20 Uhr Wartezeit einplanen | Tel. 9 63 70 88 41 | Facebook: Sol é Vida | €*

8 Sushi Fish

Okay, schon wieder Fisch? In Peniche führt einfach kein Weg daran vorbei und die Köche dieses Restaurants zaubern wirklich ganz hervorragendes Sushi zu moderaten Preisen – versprochen! Und für Veganer gibt es Makis und Vorspeisen ganz ohne Getier. ***Infos:*** *Avenida do Mar 95 | Ferrel | Mo–Do 19–22.30, Fr/Sa/So 12.30–15 u. 19–22.30 Uhr | Tel. 9 26 49 83 28 | Facebook: Sushi Fish | €€*

EINKAUFEN

9 Hang Five Surf Culture & Food

Coole Surfboards im Retrolook, hippe Klamotten und hin und wieder ein Konzert oder eine Grillparty – das

AUSSICHTSREICH

Wo die Lagune von Óbidos ins Meer mündet, wird die Aussicht vom Camper zum besonderen Erlebnis

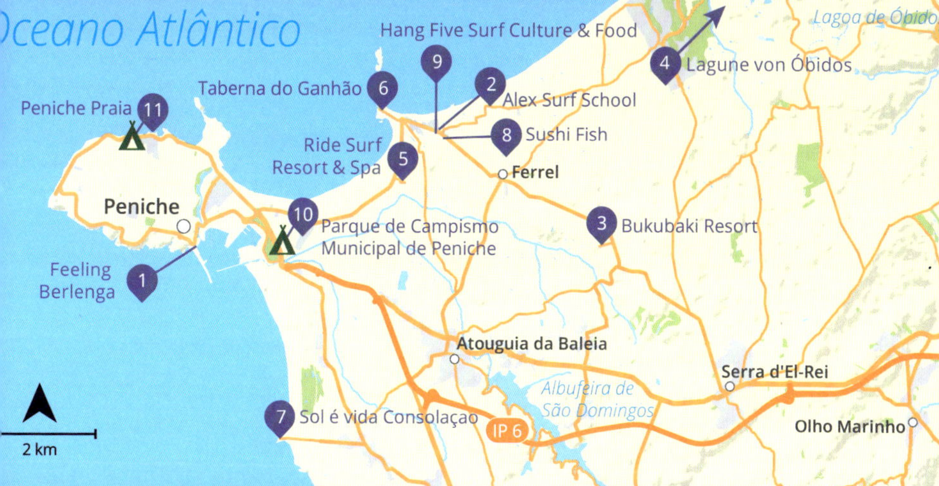

ist der Hang Five! Das Besondere: Alles im Store ist „Made in Portugal"! ***Infos:*** *Avenida do Mar 97 Fracção C | Ferrel | Mi–Sa 10–21, So 10–19 Uhr, schwanken je nach Surfbedingungen | hangfive.pt*

STELL- & CAMPINGPLÄTZE

10 Einfach, unschlagbar günstig und nah am Meer!

Einfach und nicht modern, aber nah am Meer! Saubere Toiletten, Dusch- und Spülräume und ein heißer Wasserstrahl aus der Dusche, der so manch schnieken Campingplatz in den Schatten stellt. Die Platzauswahl ist groß, wenn auch leider ohne Schattenplätze. Der Preis ist mit rund 3 € die Nacht wirklich nicht zu verachten und zählt zu den billigsten Campingplätzen Europas. Der Pluspunkt: Von dem gesparten Geld kannst du dann einmal mehr Essen gehen. Und mit einem großen Sprung oder ein paar Gehminuten bist du durch den Hinterausgang schnell in den Dünen und wirst vom blauen Ozean in Empfang genommen.

Parque de Campismo Municipal de Peniche

€ | Av. Monsenhor Bastos 14 | 2520-206 Peniche
Tel. 2 62 78 95 29 | cm-peniche.pt
GPS: 39.3538736, -9.3609400

▶ **Größe:** *65 Stellplätze*

11 Ein Katzensprung vom Meer

An den Klippen der Halbinsel Peniche liegt der schlichte, aber gepflegte Campingplatz Peniche Praia, der im Sommermonat August vollgepackt mit portugiesischen Wohnmobilurlaubern ist. Der Outdoor- oder Indoorpool ist ideal für Badenixen, die das Meer scheuen oder einfach gerne morgens in Ruhe ihre Bahnen ziehen wollen. Zum Sonnenuntergang ist ein Spaziergang entlang der Klippen gegenüber dem Platz ein absolutes Muss!

Peniche Praia

€€ | Estr. Marginal Norte | 2520-605 Peniche
Tel. 2 62 78 34 60 | penichepraia.pt
GPS: 39.3694976, -9.3917485

▶ **Größe:** *40 Stellplätze*

Spot 10

Sintra
Eine Reise in ein Märchen

Alte prunkvolle Schlösser mit bunten Türmchen, verwunschene Burgen und dichte grüne Wälder – Sintra ist aus einem Märchen entsprungen und verzaubert mit einer fabelhaften Mischung aus Kultur und Natur pur. Ob Klettern mit Aussicht, Wandertouren in der Umgebung, die zu Entdeckungsreisen werden, oder einfach nur Faulenzen an einem Sandstrand, Sintra ist ein Paradies für Abenteurer und Naturfans.

P *Rua Dr. Félix Alves Pereira 18–30, 38.797257, -9.374628*

MÄRCHENHAFT

Wie ein Märchenschloss taucht der Palácio Nacional da Pena aus den Wolken auf

AKTIVITÄTEN & SIGHTSEEING

1 Mit Wanderlust zum Castelo dos Mouros

»Ein Hut, ein Stock, ein Damenunterrock...« – genau der richtige Sound, um wandernd die Gegend zu erkunden. Startpunkt ist die Touristeninformation in Sintra. Dort schnappst du dir eine Karte, packst den Rucksack voll mit Leckereien, schnürst die Wanderschuhe und streifst durch märchenhafte Wälder bis zum Kastell, wo dich zwischen alten Gemäuern ein wunderbarer Ausblick erwartet! ***Infos:*** *N375 2 20 | Sintra | tgl. 9.30–20 Uhr | Eintritt 8 € | Tel. 2 19 23 11 57*

2 Premiumausblick beim Klettern

Auf eine Plattform gehen und die Aussicht genießen kann jeder. Wie wäre es stattdessen mit einem Kletterkurs, um Sintra aus einer ganz neuen Perspektive zu erleben? In diesem Halbtageskurs lernst du das Klettern gleich im Freien unterhalb des Castelo dos Mouros mit einem Fünf-Sterne-Ausblick auf die Wälder um Sintra und das Meer. Einzige Bedingung: Schwindelfreiheit! ***Infos:*** *Sintra Climbing Tours, Rua Vigia 269 | Sintra | Klettereinführungskurs halber Tag p.P. 50 € | Tel. 9 69 48 28 23 | sintraclimbingtours.com*

3 Zu Besuch bei Dornröschen: Palácio Nacional da Pena

Ein Schloss wie aus dem Bilderbuch: Bunte Farben, kleine Türmchen, mächtige Gemäuer und thronend auf einem Berg – im Palácio Nacional da Pena, auch Kummerschloss genannt, hätten sich die Gebrüder Grimm inklusive Aschenputtel & Co. bestimmt wohlgefühlt. Ein Schlossbesuch mit etwas Prunk und Protz ist in Sintra Pflichtprogramm. ***Infos:*** *Palácio Nacional da Pena, Estrada da Pena | Sintra | tgl. 9.30–20 Uhr | Eintritt für Schloss u. Park 14 € | parquesdesintra.pt*

Insider-Tipp
Warteschlange adé

Um lange Wartezeiten zu vermeiden, lohnt es sich, das Eintrittsticket vorher im Internet zu bestellen.

4 Auf zum 10-Punkte-Strand Praia da Ursa

Der Battle um den schönsten Strand Portugals ist hiermit eröffnet: Praia da Ursa zieht in den Kampf mit roten, steilen

REGENTAG – UND NUN?

5 Das NewsMuseum entdecken

Heute verbreiten sich Nachrichten wie ein Lauffeuer über Social Media. Das NewsMuseum in Sintra geht den Weg zurück in die Vergangenheit und zeigt in der Ausstellung, wie sich Medien, Kommunikation und Nachrichten im Wandel der Zeit geändert haben – alles andere als langweilig! ***Infos:*** *Rua Visc. de Monserrate 26 | Sintra | tgl. 9.30–18 Uhr | Eintritt 8 € | newsmuseum.pt*

Klippen, spitz aus dem Wasser ragenden Felsformationen und einem wirklich abenteuerlichen, nicht für Flip-Flops geeigneten Abstieg zum Strand. Wie viele Punkte vergibst du auf einer Skala von eins bis zehn? ***Infos:*** *über die N427 und in Azóia rechts auf die Estrada do Cabo da Roca; geschlossene, rutschfeste Schuhe mitnehmen*

ESSEN & TRINKEN

6 Caldo Entornado

Nach einem Erkundungstag ist ein Burger genau das Richtige! Im Caldo Entornado gibt es Burger mit saftigem Fleisch, frischem Gemüse und selbst gemachten Brötchen. Auch für Vegetarier ist gesorgt. ***Infos:*** *Rua Guilherme Gomes Fernandes 19 | Sintra | tgl. 12.30–15 u. 19.30–22.30 Uhr | Tel. 2 19 24 41 49 | caldo-entornado.pt | €€*

7 Tascantiga

Oh, wie köstlich Tapas sind, und besonders die in dieser familienbetriebenen Tapasbar zubereiteten. Hier gibt es neben gewöhnlichen Batatas & Co. auch richtig ausgefallene Kombinationen. Wie soll man sich da bloß entscheiden? ***Infos:*** *Escandinhas da Fonte da Pipa 2 | Sintra | Mo–Do 12.15–16.15, Fr/Sa 12.15–16.15 u. 19–22 Uhr | Tel. 2 19 24 32 42 | tanscantiga.pt | €€€*

8 Bar do Fundo

Erste Reihe mit Meerblick, bitte! Kein Problem, denn die mit viel Holz geschmackvoll gestaltete Bar liegt an der schönen Praia Grande! Von kleinen Snacks bis zum Abendessen mit Fisch gibt es hier für jeden das Richtige. ***Infos:*** *Avenida Alfredo Coehlo | Colares | tgl. 12.30–22 Uhr | Tel. 2 19 28 20 92 | €€€ | Facebook: BardoFundo*

FUTURISTISCH

Wie aus einer anderen Welt mutet die Praia da Ursa mit den spitz aus dem Meer ragenden Felsen an

EINKAUFEN

9 Coolares Market

Coole Klamotten und stylische Kleinigkeiten – der Markt bietet eine große Auswahl an all den Dingen, die das Leben einfach schöner machen. Der perfekte Ort zum Stöbern und eine Fundgrube für Mitbringsel. ***Infos:*** *N247, gegenüber Quinta do Pé da Serra | Colares Pé Da Serra | letzter Sa u. So im Monat 11–18 Uhr | Facebook: Coolares-Market*

STELL- & CAMPINGPLÄTZE

10 In Strandnähe mit Meerblick

Dieser Campingplatz hat eine Besonderheit: Hier kannst du mit ein bisschen Glück dein Lager mit Meer- oder Dünenblick aufschlagen. Falls das nichts wird, kannst du immer noch zwischen einem Schatten- oder Sonnenplatz wählen und zum Entspannen deine Hängematte zwischen den Bäumen befestigen. Der nächste Sandstrand ist nur einen Kilometer entfernt, aber auf dem Campingplatz gibt es auch einen Außenpool.

Orbitur Guincho 

€€ | N247 6, Lugar de Areia Guincho | 2750-053 Cascais
Tel. 2 14 87 04 50 | orbitur.pt
GPS: 38.7215754, -9.4665241

▶ **Größe:** *55 Stellplätze*

11 Schlafen unter Pinien und nicht weit ab vom Schuss

Den großen Campingplatz inmitten vieler duftender Pinien zeichnen sehr gepflegte sanitäre Anlagen und eine Spitzenlage aus. Hier kommt richtig sommerliches Wohlfühlambiente auf! Und bei Regen gibt es einen großen Aufenthaltsraum. Gleich nebenan kannst du im Shop Boardriders Quiksilver herrlichen Espresso trinken, Açai-Bowl essen und die Surferszene beobachten.

Ericeira Camping 

€€ | Parque de Campismo de Mil Rego, Avenida São Sebastião | 2655-210 Ericeira
Tel. 2 61 86 27 06 | ericeiracamping.com
GPS: 38.9778194, -9.4185397

▶ **Größe:** *50 Stellplätze*

Lissabon/Lisboa
Einmal Lissabon, immer Lissabon

Lissabon ist Liebe auf den ersten Blick. An jeder Ecke gibt es etwas zu entdecken, zu bestaunen oder einen netten Platz zum Verweilen. Charmante Gassen, lebhaftes Großstadtfeeling und unzählige Cafés, Rooftopbars und Geschäfte mit dem gewissen Etwas. Auch Strände satt hat Lissabon zu bieten, ob an der Costa Caparica oder in Cascais. In der Metropole gehen Strandfeeling, portugiesische Lebensart und moderne Trends die perfekte Kombination ein.

P *Estacionamento Docas de S. Amaro, 38.69943532, -9.1759101*

KULTSTATUS

Eine Tramfahrt gehört in Lissabon auf jeden Fall auf die To-do-Liste

AKTIVITÄTEN & SIGHTSEEING

1 Sightseeing mit Wellengang

Lissabon und das Meer gehören zusammen. Deswegen ist eine Bootstour genau die richtige Methode, um das Lebensgefühl der Metropole aufzuschnappen. Stilecht treibst du auf einem Segelboot die Küste der Metropole entlang und nimmst die Wahrzeichen der Stadt aus einem völlig neuen Blickwinkel wahr. ***Infos:*** *Lisbon by boat, Padrão dos Descobrimentos, Doca de Belém | Lissabon | Lisbon Sailing Tour p.P. ab 38 €, Tickets vorher online buchen | Tel. 9 33 91 47 43 | lisonbyboat.com*

2 In der Kreativschmiede LX Factory

Man nehme ein altes Industrieviertel, kreative Köpfe und coole Ideen – und heraus kommt zum Beispiel dieser extravagante Industriekomplex, den hippe Restaurants und Bars, Künstlerateliers sowie trendige Läden bereichern. Von der schrägen Ausstellung bis zum schrillen Konzert findest du hier alles, was bunt, einfallsreich und ein bisschen verrückt ist. ***Infos:*** *LX Factory, Rua Rodrigues de Faria 103 | Lissabon | Tel. 2 13 14 33 99 | lxfactory.com | tgl. 9–22.30 Uhr*

Insider-Tipp
Aufs Rad für den Saft!

Bei Veggie Wave in der LX Factory den Saftmixer mit selbst erzeugter Energie durch Drahteselstrampeln zum Shaken bringen und danach genießen.

3 Bummeltour durch Alfama

Enge verschlungene Gassen, bunte Hausfassaden, kleine grün-bepflanzte Balkone und unzählige Wäscheleinen – die zauberhafte Altstadt Lissabons, Alfama, erkundest du am besten zu Fuß. Startpunkt ist der Miradouro Santo Estêvão Belvedere. Von dort aus heißt es: sich in den Straßen verlieren und treiben lassen. ***Infos:*** *Miradouro Santo Estêvão Belvedere, Beco do Carnei | Lissabon*

4 Sundowner im Castelo de São Jorge

Sonnenuntergänge gibt es in Portugal nonstop. Ein Grund mehr, diesen jeden Tag gebührend zu feiern. Eine Top-Location dafür ist das Castelo de São Jorge mit Blick auf die Altstadt und den Tejo-Fluss. So einfach lässt sich Geschichte mit den wirklich wichtigen Dingen im Leben wie Sonnenuntergänge verbinden. ***Infos:*** *Castelo de São Jorge, Rua de Santa Cruz do Castelo | Lissabon | tgl. 9–21 Uhr | Eintritt bis 25 Jahre 5 €, ab 25 Jahre 8 € | Tel. 2 18 80 06 20 | castelodesaojorge.pt*

5 Lissabon ist Street Art

Was haben Berlin, London, Melbourne und Lissabon gemeinsam? Street Art! In Lissabon verschönern Künstler verlassene Gebäude mit grandiosen Bildern und werden dafür sogar bezahlt. Auf der Street Art Tour bekommst du die schönsten Werke der ganzen Stadt zu sehen. ***Infos:*** *Lisbon | Lisbon Streetart Tours ab 5 Personen rund 27 €, (Preis ist tour- und teilnehmerzahlabhängig),*

Tickets vorher online reservieren (info@lisbonstreetarttours.com) | Tel. 9 36 82 53 83 | lisbonstreetarttours.com

6 Marquês de Pombal – Kreisverkehr mit Starbesetzung

Ein Besuch dieses riesigen Platzes ist Pflicht – und das aus gutem Grund! Von dem großen Kreisverkehr mit der Marquis-Pombal-Statue, einem der bedeutendsten Staatsmänner Portugals aus dem 18. Jh., blickst du endlos weit über die ganze Stadt und kannst dir von der Größe Lissabons den Atem rauben lassen. ***Infos:*** *Praça Marques de Pombal*

7 Chillen am Miradouro de Santa Catarina

Die Sonne strahlt und der perfekte Spot für einen entspannten Nachmittag oder Abend ist genau hier. An dem Aussichtspunkt hast du einen grandiosen Blick über Lissabon und viele lockere Menschen um dich herum, die es sich auf dem Platz gemütlich machen. Talentierte Straßenmusiker liefern die passende Backgroundmusik. ***Infos:*** *Rua de Santa Catarina S/N | Lissabon*

8 Zum Cristo de Rei schippern

Ab geht's auf die Fähre und zur weltbekannten Statue! Mit der Transtejo-Fähre gleitest du von Lissabons Zentrum über den Tejo-Fluss auf die andere Seite der Stadt nach Almada. Von dort aus führt ein Weg zunächst entlang dem Fluss und dann bis hoch hinauf zur Cristo-Rei-Statue. Wenn du dich dann umdrehst und die Stadt mit der typisch roten Hängebrücke à la Golden Gate Bridge betrachtest, bekommst du einen Ausblick mit Wow-Effekt geliefert. ***Infos:*** *Transtejo, Rua da Cintura do Porto de Lisboa | Lissabon | Tickets für die Fähre nach Cacilhas und zurück am Automaten oder beim Servicepersonal kaufen | cristorei.pt*

9 Nächster Halt: Transpraia-Bahn

Mal was anderes als ein Strandspaziergang: Mit der Transpraia-Bahn, einer Bahn im lustigen Miniaturformat aus den

REGENTAG – UND NUN?

10 Keramik-Workshop

Schon die schönen bunten Fliesen an den Hauswänden bemerkt? Die nennt man Azulejos und die sind so begehrt, dass sie zum Teil illegal von den Wänden geklopft und für viel Geld verkauft werden! Neben den Keramikfliesen lieben die Portugiesen schönes Geschirr. Im Kurs von Caulino Ceramics lernst du die ersten Schritte für eine Töpferkarriere. Die Devise: selbst machen statt selbst kaufen! ***Infos:*** *Ruas de S. Mamede ao Caldas, 28 A e C | Lisboa | Tageskurs p.P. 2 Std. 60 €, Workshop vorher online buchen: caulinoceramics@gmail.com, 2 Tage p.P. 4 Std. 100 € | Tel. 9 12 44 77 03 | caulinoceramics.com*

1960er-Jahren, fährst du die endlos langen Strände von der Costa Caparica einmal hoch und runter! Zu entdecken gibt es Sandstrand bis zum Horizont, coole Beachbars und natürlich das Meer. ***Infos:*** *Transpraia, Rua Parque Infantil 1 | Costa Caparica | 1. Juni–30. Sept. zur vollen und halben Std. | Hin- u. Rückticket lange Strecke 8,50 €, kurze Strecke 5 € | transpraia.pt*

ESSEN & TRINKEN

11 1300 Taberna

Lange Tische, große Olivenbäume und bunt zusammengewürfelte Stühle in einer renovierten Lagerhalle – so isst du im stylischen Ambiente der 1300 Taberna mitten in der LX Factory. Serviert werden moderne mediterrane und portugiesische Gerichte, immer saisonal und bio. ***Infos:*** *Rua Rodrigues de Faria 103 | Lissabon | Di–Sa 12.30–00.30 Uhr | Tel. 2 13 64 91 70 | 1300taberna.com | €€€*

12 Comoba

Hier entstehen die Instagram-Food-Bilder von morgen! Vom Flat White und dem Matcha-Latte bis zur Açai-Bowl gibt es im hippen Café alles rund um neueste Kaffeekreationen und leckere Foodtrends für jede Tageszeit. Die verschiedenen Bowls, die Sweet Corn Fritters mit Poached Egg oder die Schoko-Pancakes sehen nicht nur fantastisch aus, sondern schmecken auch so. ***Infos:*** *Rua da Boavista 90 | Lissabon | tgl. 8–19 Uhr | Tel. 9 63 28 84 53 | comobalisboa.com | €*

13 Pastéis de Belém

Portugal ist definitiv das Land der Pastéis de Nata. Eine Pastel de Nata ist eine kleine göttliche Kreation an Gebäck

LEBENSADERN

Vom futuristischen Bau des MAAT hast du einen grandiosen Blick auf die Ponte 25 de Abril und den Tajo

aus krossem Blätterteig mit einer Sahne-Ei-Füllung, in der man am liebsten baden möchte. Hier im Café wird das traditionelle Gebäck seit 1837 mit einer Geheimrezeptur immer wieder auf das nächste Perfektionslevel gebracht. ***Infos:*** *Rua de Belém 84–92 | Lissabon | tgl. 8–21 Uhr | Tel. 2 13 63 74 23 | pasteisdebelem.pt | €*

EINKAUFEN

14 Feira da Lada

Stöbern, suchen und finden: Auf dem großen Flohmarkt in Alfama kannst du coole Lederrucksäcke, buntes Geschirr, antike Bilder und allerlei kitschigen Kram finden – eben alles, was ein Flohmarkt so hergeben sollte. Welchen Schatz wirst du ergattern? ***Infos:*** *Campo de Santa Clara | Lissabon | jeden Di u. Sa*

15 Icon Shop

Vorhang auf für diesen Kreativshop, der über 30 verschiedene Marken von portugiesischen Designern und Künstlern in den Mittelpunkt rückt. Ob bunte Keramik, coole Kunst oder hipper Schmuck, hier wird Wert aufs Detail gelegt und mit Liebe ausgewählt. ***Infos:*** *Rua Nova da Trinidade 6B | Lissabon | tgl. 11–19 Uhr | Tel. 9 14 21 65 87 | iconshop.pt*

AUSGEHEN

16 Barrio Alto

Bars, enge Gassen und eine ausgelassene Atmosphäre – das Bairro Alto, ein alter und traditioneller Stadtteil, ist das Ausgehviertel Nummer eins in Lissabon. Ideal, um sich in das Nachtleben zu stürzen und mit Einheimischen und Touristen aus aller Herren Länder auf das Leben

AUSPENDELN

Die grüne Umgebung von Lissabon eignet sich bestens zur Erholung vom Großstadt-Sightseeing

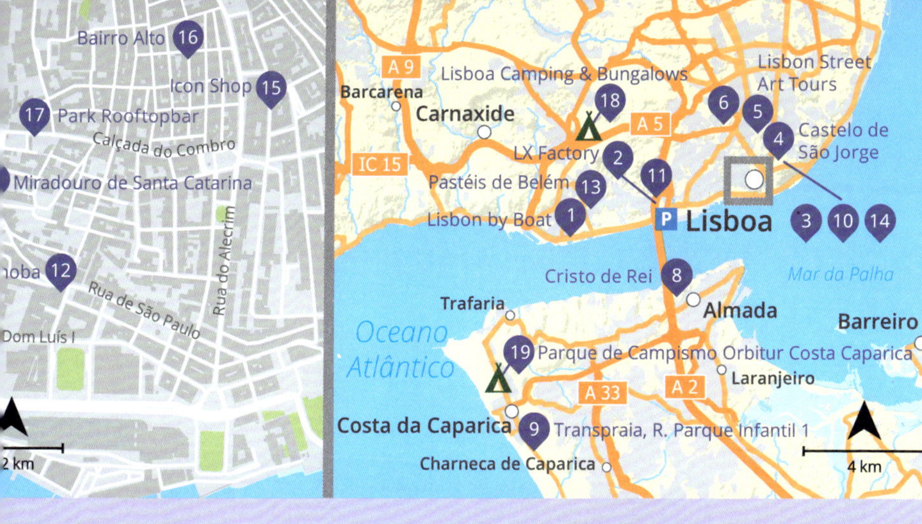

anzustoßen. ***Infos:*** *Rua do Diário de Notícias, Bairro Alto | Lissabon*

17 Park Rooftopbar

Diese Rooftopbar auf einem alten Parkhaus gehört zu den beliebtesten der Stadt. Zwischen viel Grünbepflanzung, Gartenmöbeln aus Holz und einem 360-Grad-Blick über Lissabon kommt hier ein Gefühl von modernem Schrebergarten gepaart mit hippem Großstadtvibe auf. ***Infos:*** *Calçada do Combro, 58 Bairro Alto | Lissabon | Mo–Sa 13–2 Uhr | €€*

STELL- & CAMPINGPLÄTZE

18 Schnell in Lissabon und trotzdem relaxt

Der Campingplatz ist wie gemacht für den Trip in die City und das Erholungsprogramm danach. Zwei Buslinien verbinden ihn mit der Innenstadt und der großen Bahnstation Estação do Oriente. Nach einem aufregenden Erkundungstag ist der schön begrünte Stellplatz mit Pool genau der richtige Ort zum Relaxen und Energie tanken für die nächste Runde Big City Life.

Lisboa Camping & Bungalows ☺

€€ | Estr. da Circunvalação | 1400-061 Lisboa
Tel. 2 17 62 82 00 | lisboacamping.com
GPS: 38.7249659, -9.2049350

▸ ***Größe:*** *100 Stellplätze*

19 Direkt am Strand und zentrumsnah

Der Campingplatz mit Beachfeeling: Nur rund 200 Meter entfernt erstreckt sich der lange Sandstrand von Costa Caparica. Nach einem Tag in Lissabon kannst du dein Handtuch schnappen und bist in wenigen Gehminuten am Meer. Für das schattige Plätzchen in der Hängematte sorgen zahlreiche, nach Sommer duftende Pinien.

Parque de Campismo Orbitur Costa Caparica ☺

€€ | Av. Afonso de Albuquerque 450 | Costa da Caparica
Tel. 2 12 90 13 66 | orbitur.pt
GPS: 38.653142192283, -9.238643646240

▸ ***Größe:*** *60 Stellplätze*

Sesimbra
Ein Stück vom Paradies

Ist das noch Europa oder etwa schon die Südsee? Kleine Buchten mit türkisfarbenem und kristallklarem Wasser, feiner weißer Sandstrand und saftig grüne Berghänge – um die Stadt Sesimbra auf der Setúbal-Halbinsel befinden sich nicht nur zahlreiche Strände mit Karibikflair, sondern auch ein grünes dschungelähnliches Hinterland, das erkundet werden will. Der perfekte Mix für Badenixen, Naturfreunde und Actionfans.

P *Rua de Mareantes de Sesimbra 6, 38.4436, -9.09707*

SEHNSUCHTSMOTIV

Bis hinauf zum Naturpark Arrábida leuchten die Farben des Atlantiks in schillerndem Grünblau

AKTIVITÄTEN & SIGHTSEEING

1 Auf Spurensuche am Cabo Espichel

Schroffe Klippen, das Meer und Dinofußabdrücke vor der Nase. Wo gibt's denn so was? Am äußersten Zipfel der Setúbal-Halbinsel ist in die Ferne schweifen alles andere als langweilig. Hier kannst du entlang der Klippen wandern, den Leuchtturm Farol do Cabo de Espichel als Fotomotiv nutzen und dich sogar auf die Suche von Fußabdrücken der Urzeittiere machen. ***Infos:*** *Oft sehr windig*

2 Die Coasteering-Mutprobe

Du suchst den ultimativen Adrenalinkick? Schon mal Coasteering getestet? Während der fünfstündigen Tour erkundest du mit deinem Guide von **Vertente Natural** und den restlichen Verrückten deiner Gruppe die Landschaft rund um Setúbal: Du springst dabei von Klippen ins Wasser, rutschst Bäche hinunter und tauchst in Unterwasserhöhlen. Abenteuerlich genug? ***Infos:*** *Porto de Abrigo de Sesimbra 6 | Sesimbra | verschiedene Levels ab 40 €, Tickets vorher online buchen, genauere Infos zum Treffpunkt etc. sind in der Buchungsbestätigung enthalten | Tel. 2 10 84 89 19 | vertentenatural.com*

3 Auf Expedition per Kajak

Drei Stunden Paddelspaß auf dem Meer: Auf dieser Tour erkundest du die vielfältige Küste per Kajak. Mit erfahrenen Guides bekommst du die schönsten Spots auf dem Silbertablett serviert. Das Paddeln bleibt allerdings an dir und deinem Kajakkumpel hängen. ***Infos:*** *BORK Kajak & Outdoor Centre Sesimbra, Porto Abrigo de Sesimbra | Sesimbra | tgl. 9–17 Uhr | 3 Std. p.P. 30 € | Tel. 9 19 50 61 36 | borkyou.com*

4 Strandhopping mit Südseeflair

Weißer Sandstrand, grünes Hinterland und kristallklares Wasser – wetten, dass auf deinen Bildern keiner merken wird, dass du nicht in der Karibik bist? Der **Galapinhos Beach** ist, wie seine Nachbarstrände Praia dos Coelhos und Praia Portinho da Arrábida, ein Südseestrand wie aus dem Reisekatalog. ***Infos:*** *In den Sommermonaten und an sonnigen Wo-*

REGENTAG – UND NUN?

5 Arrábida & Sesimbra Wine Tour

Portugal keltert verdammt guten Wein: Ob kühler weißer Vinho Verde, trockener Rotwein aus dem Alentejo oder süßer Portwein, auf der Weintour hast du offiziell die Lizenz zum Trinken. Einen Tag lang erkundest du die Weingegend rund um Setúbal und erlebst La Dolce Vita der portugiesischen Variante. ***Infos:*** *Rua José Augusto Coelho 11/13 | Vila Nogueira de Azeitão | Get your Guide, Arrábida & Sesimbra Wine Tour p.P. 69 €, Tickets vorher online buchen, Infos zum Treffpunkt etc. erhältst du mit der Buchungsbestätigung | Tel. +49 30 56 83 94 45 | getyourguide.de*

chenenden sehr voll, am besten vor 12 Uhr kommen

Insider-Tipp
Delfine in Sicht!
Rund um Sesimbra das Delfinspektakel nicht verpassen und beim Strandhopping ein Fernglas in die Tasche packen.

ESSEN & TRINKEN

6 Pizza Napolitana

Sobald du die Tür öffnest, fühlst du dich wie im siebten Himmel, denn es liegt der Duft von Steinofenpizza in der Luft. Wer kann zu einem krossen Pizzaboden mit frischen Zutaten schon Nein sagen? ***Infos:*** *R. Abade Correira da Serra 6 lot loja b | Sesimbra | Di–Sa 12–15 u. 18.30–22.30, So 12–15 Uhr | Tel. 2 12 68 26 75 | pizza-napolitana.com | €€*

7 Aloha Café

In diesem entspannten Café kommt im Korbstuhl unter einem Sonnenschirm mit dem Blick aufs Meer Südseefeeling auf. Serviert werden vegane, vegetarische und glutenfreie Leckereien, die köstlich aussehen und mindestens genauso gut schmecken. ***Infos:*** *Av. 25 de Abril 9P | Sesimbra | Mo–Fr 9–18, Sa/So 9–19 Uhr | Tel. 9 64 47 94 74 | €*

8 Tasca Do Isaías

Richtig portugiesisch: Das urige Mini-Restaurant versprüht mit seinen blau-weißen Fliesen und bunten Tellern an der Wand sofort gemütliche Atmosphäre. Tisch an Tisch kannst du die Gerichte deines Nachbarn inspizieren und dich inspirieren lassen. In der Tasca gibt es für wenig Geld typisch portugiesische Gerichte – nicht modern, aber ehrlich und sehr lecker! ***Infos:*** *R. Coronel*

PERFEKTES KARIBIKFEELING

Gekühlter Vinho Verde und frische Austern – passend zur Umgebung

Barreto 2 | Sesimbra | Mo–Sa 11–15 u. 18.45–22.30 Uhr | Tel. 9 14 57 43 73 | €€

EINKAUFEN

9 Mercearia Caetobriga

Ein Schlaraffenland für feine Gaumen: Hier gibt es lokale Leckereien, soweit das Auge reicht. Ob Wein, getrockneter Fisch, Marmeladen oder Liköre – alles sieht einfach göttlich und appetitlich aus. Und wer sagt denn, dass man Mitbringsel nicht auch selbst vernaschen darf?! ***Infos:*** *Travessa da Portuguesa 13 | Setúbal | Mo 15–18, Di–Fr 10–12 u. 15–18, Sa 10–13 Uhr | Tel. 2 65 23 93 31 | Facebook: Caetobriga*

STELL- & CAMPINGPLÄTZE

10 Großer Platz mit reichlich Schatten

Vom Campingplatz hast du sowohl die Stadt als auch das Meer fest im Blick. Wenn du einen der Schattenplätze ergatterst, ist Relaxen vorprogrammiert. Die Lage des Platzes ist ideal, denn du bist schnell in Sesimbra-Town und bei den Sehenswürdigkeiten der Umgebung, aber auch in nur drei Minuten an der Praia da California.

Camping Forte do Cavalo

€€ | Rua José Relvas 681 | Q.ta do Conde
Tel. 2 12 28 85 08
GPS: 38.435720, -9.116762

▶ **Größe:** *76 Stellplätze*

11 Einfach, aber ausreichend und preislich kaum zu toppen

Zwar ist dieser Campingplatz von der älteren Sorte, wird aber nach und nach modernisiert. Die sanitären Anlagen sind sauber, das Personal ist freundlich und die direkte Lage am langen Bicas Beach und an der Praia do Penedo ist besonders für Badenixen und Sonnenliebhaber ein Traum.

Campimeco

€€ | Aldeia do Meco | 2970-066 Sesimbra
Tel. 2 12 68 33 74 | campigir.com
GPS: 38.463507, -9.189492

▶ **Größe:** *40 Stellplätze*

Spot 13

Évora
Kulturfreaks aufgepasst

Im Herzen der trockenen Alentejo-Region befindet sich die UNESCO-Weltkulturerbestadt Évora. Hier wimmelt es nur so von Kultur, Geschichte und Sehenswürdigkeiten. Der alten Tempel, schmucken Kirchen und verrückten Gesteinsformationen wegen umgibt Évora eine charmante Atmosphäre aus einer längst vergangenen Zeit!

P *Avenida Salazar 29, 38.5765, -7.91222*

BÜHNENREIF

Highlightshow im kulturverwöhnten Évora: der Templo Romano zählt definitiv dazu

AKTIVITÄTEN & SIGHTSEEING

1 Auf Spurensuche im historischen Zentrum

Évora zählt nicht umsonst zum UNESCO-Weltkulturerbe! Im Zentrum wimmelt es nur so von historisch bedeutsamen Sehenswürdigkeiten aus der römischen, gotischen und barocken Epoche. Im 15. Jahrhundert hatten die portugiesischen Könige hier ihren Sitz. In der Igreja de São Francisco besichtigst du eine komplett mit Knochen ausgestattete Kapelle. Durch das charmante Zentrum zu schlendern und die schönen alten Gebäude und Sehenswürdigkeiten zu begutachten, vor so einer Kulisse ist Sightseeing wirklich nicht zu verachten.

2 Nachtwanderung zum Templo Romano de Évora

Relikt aus der Römerzeit: Das auch als Diana-Tempel bezeichnete Wahrzeichen der Stadt wurde unter Kaiser Augustus erbaut. Nachts wird es wunderschön beleuchtet – also raus aus dem Bett oder der Bar und los zum Tempel. ***Infos:*** *Largo do Conde de Vila Flor | Évora | visitevora.net*

3 Mystische Gesteinsformationen beim Cromeleque dos Almendres

Portugals Stonehenge, nur ohne Absperrungen und eintrittsfrei! 95 kreisförmig zueinander angeordnete Monolithen, die im 6. Jahrtausend v. Chr. aufgestellt wurden. Auf dem Weg dorthin findest du Erklärungstafeln, die das Geheimnis der Gesteinsformation lüften wollen. Skurril und spannend zugleich. ***Infos:*** *Über die N114 und die CM1075 bis Nossa Sra. de Guadaloupe, dann nach Almendras*

4 Ab in die Gruta de Escoural

Die Tür geht auf, kalte Luft strömt dir entgegen und du steigst umgeben von Felsen die erste Treppe hinab – willkommen in den Höhlen von Escoural! Kleine Wandmalereien aus prähistorischer Zeit, ein labyrinthartiges Höhlensystem und ein lustiger Guide an deiner Seite erwarten dich. ***Infos:*** *Centro Interpretativo do Escoural | N370 | Montemor-o-Novo | So u. Mo geschlossen | Eintritt 3 €, nur mit einem Guide zu besichtigen, 24 Std. im Voraus im Informationszentrum buchen | Tel. 2 66 85 70 00 | patrimoniocultural.gov.pt/*

AUSGEHEN

5 Avista Bar

Leckere bunte Cocktails, ein kühles Bier oder ein leckeres Glas Wein, in der gemütlichen Bar werden fantastische Drinks in entspannter Atmosphäre serviert. Das Personal ist freundlich und schnell – selbst wenn viel los ist. ***Infos:*** *Rua Diana de Liz 5, Vitória Stone Hotel 4. Stock | Évora | tgl. 12.30–22 Uhr | Tel. 2 66 10 39 51 | vitoriastonehotel.com | €€€*

ESSEN & TRINKEN

6 Restaurante Fialho

Andere Länder, andere Sitten. In Portugal wird Fisch gerne getrocknet, gesalzen und anschließend zu einem leckeren Fischgericht zubereitet. Das Ganze nennt sich Bacalhau. In fast jedem Restaurant steht der Trockenfisch auf der Karte, aber im Fialho schmeckt er ganz besonders gut – und das schon seit 1945. Hier sind also echte Experten am Herd. ***Infos:*** *Travessa das Mascarenhas 16 | Évora | Di–So 12.30–15 u. 19.30–22 Uhr | Tel. 2 66 70 30 79 | restaurantefialho.pt | €€*

7 The Bakery Lounge

Der ideale Ort, um nach einer Stadterkundung im Mittelalterviertel eine wohlverdiente Pause einzulegen. In der kleinen Bäckerei gibt es täglich frischgebackene Pastéis de Nata, Bolas de Berlim und Croissants. Das duftet nicht nur herrlich nach dem süßen Leben, sondern macht auch noch glücklich. ***Infos:*** *Rua de Burgos 6 | Évora | Mo–Fr 9–20 Uhr | Tel. 2 66 70 70 85 | €*

8 Taberna Típica Quarta-feira

Kleines Restaurant mit großem Gaumenschmausfaktor: köstliche portugiesische Küche, leckerer Wein und eine heimelige Atmosphäre. Besonders bekannt ist die Taberna für ihr saftig-zartes, langsam gegartes Schweinefleisch, das man unbedingt probieren sollte! ***Infos:*** *Rua do Inverno 16 | Évora | Di–Sa 12.30–14.30 u. 19.30–21.30 Uhr | Tel. 2 66 70 75 30 | evora.net | €€€ | vorher Tisch reservieren*

VAN-BLICK

Nach so viel Kultur musst du raus in die Natur: herrlich, die Landschaft des Alentejo bei Monsaraz

Insider-Tipp
Glas oder Flasche

In Portugal ist es üblich, mittags eine ganze Flasche (garrafa) statt nur eines Glases (copo) Wein zu bestellen. Also Obacht bei der Wortwahl!

EINKAUFEN

9 Rota dos Vinhos do Alentejo

Du möchtest mit einem Rot-, Weißwein oder einem Rosé auf das Leben anstoßen? In dem sehr gut sortierten Weinladen kannst du alle Weine vor dem Kauf verkosten und dich ausführlich beraten lassen. *Saúde* heißt übrigens Prost auf Portugiesisch. ***Infos:*** *Rua 5 de Outubro 88 | Évora | Mo–Fr 10–17.30 u. Sa 11–17.30 Uhr | Tel. 2 66 74 64 98 | vinhosdoalentejo.pt/*

STELL- & CAMPINGPLÄTZE

10 Ideale Lage für einen Stadtbesuch!

Der Campingplatz befindet sich in bester Lage, denn das Stadtzentrum ist fußläufig in Kürze zu erreichen. Der Platz ist zwar nicht der modernste, aber schön grün und hat zwei Swimmingpools. Außerdem ist der Campingplatz ist sehr gepflegt und sauber.

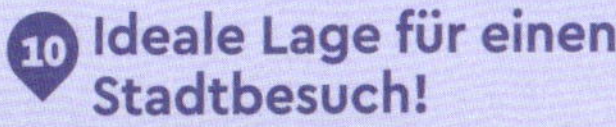

Parque de Campismo Orbitur Évora

€€ | Estrada de Alcáçovas, Herdade Esparragosa | 7005-206 Évora
Tel. 2 66 70 51 90 | orbitur.pt
GPS: 38.557304, -7.925797

▶ **Größe:** *45 Stellplätze*

11 Eine Ruheoase auf dem Land

Camping Alentejo liegt umgeben von Pinienwald mitten auf dem Land und ist ein Träumchen für Naturfans und Relaxkönige. Nach Évora sind es rund 30 Fahrminuten. Freundliches Personal und eine familiäre Atmosphäre sind inklusive.

Camping Alentejo

€€ | Estrada Nacional 18 | 7100-300 Évora Monte
Tel. Tel. 9 36 79 92 49 | campingalentejo.com
GPS: 38.792152, -7.688252

▶ **Größe:** *30 Stellplätze*

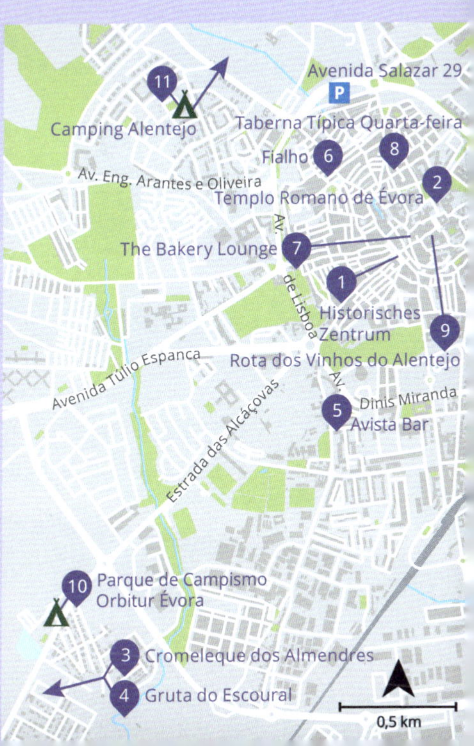

CLIFF-CAMPING
An der Costa Vicentina findet man viele dieser extravaganten Campingspots, um den Tag zu verbringen

Tour D

Entlang der wilden Westküste bis in den Süden
Von Lissabon nach Sagres

Von Lissabon geht es in südlicher Richtung einmal die Küste entlang bis zum äußersten Zipfel Portugals nach Sagres! Die Reise führt über kleine, charmante Küstendörfer und durch weite, endlos wirkende Natur. Die Fahrt mit dem Camper zu den einsamsten Klippen und schönsten Stränden ist einmalig schön und eine richtige Traumstrecke für jeden Reisenden. Das Besondere auf dem Weg gen Süden: Der Sternenhimmel leuchtet immer heller, je weiter es Richtung Algarve geht!

Tour D im Überblick

Oceano

Atlântico

Tour-Highlights

Köstlichen Wein verkosten auf dem Gut *Herdade da Comporta* ▶ **S. 115**

Einen **Bummel** durch das typisch portugiesische *Porto Covo* machen ▶ **S. 119**

Auf der **Klippenwanderung** von *Monte Clérigo* nach *Arrifana* die Küstenlandschaft bestaunen ▶ **S. 123**

Unterm Sternenzelt **Pizzaparty** in *Marmelete* feiern ▶ **S. 123**

In die Ferne schweifen am südwestlichen Punkt Europas, dem *Cabo de São Vicente* ▶ **S. 127**

Bucelas
A 10
ALVERCA
DO RIBATEJO
Colares
LOURES
A 1
SACAVÉM
Mar da
Palha
Coruche
Mora
Lissabon
Seite 90
11
Alcochete
A 13
Almada
Pinhal
Novo
VENDAS
NOVAS
Quinta
do Conde
A 2
A 6
MONTEMOR-
O-NOVO
Sesimbra
SETÚBAL
Comporta
Seite 114
14
ALCÁCER
DO SAL
A 2
Viana
do Alentejo
VILA NOVA
DE SANTO ANDRÉ
Grândola
Badoca Safari Park
Cuba
Sines & Porto Covo
Seite 118
15
Ferreira
doAlentejo
Alvalade
BEJA
Cercal
do Alentejo
Aljustrel
Vila Nova de Milfontes
IP 2
Odemira
Ourique
Castro
Verde
São
Teotónio
16
Parque Natural do Sudoeste
Alentejano e Costa Vicentina
Seite 122
Aljezur
Monchique
A 2
São Bartolomeu
de Messines
Bensafrim
A 22
SILVES
Salir
LAGOS
PORTIMÃO
LOULÉ
17
A 22
Sagres & Vila do Bispo
Seite 126
QUARTEIRA
FARO
20 km

D Tourenverlauf

Start & Spot 11

Lissabon/Lisboa
Einmal Lissabon, immer Lissabon ▶ **S. 90**

Optionaler Anschluss: Tour C ▶ **S. 90**

12 km Die Tour startet im wunderschönen Lissabon. Die Metropole am Meer und am Tejo-Fluss ist eine Traumstadt und hat allerhand zu bieten: Sehenswürdigkeiten ohne Ende, kleine romantische Gassen mit tollen Restaurants und Bars, Kultur pur und unzählige Sonnenuntergänge! Außerdem gibt es Strände satt, an denen man sich wunderbar entspannen oder surfen gehen kann. Lissabon ist in jedem Fall eine Stadt zum Verlieben. Vom Stadtzentrum aus geht es über die rote Hängebrücke und den Tejo auf die andere Seite. Kurz hinter der Brücke nimmt man die Ausfahrt Almada und folgt den Schildern Richtung Almada Zentrum. Zwei Kreisverkehre später fährst du auf die N10 den Hafen entlang bis zum Parkplatz Estacionamento Cacilhas, wo du wunderbar deinen Van bewacht stehen lassen kannst.

Almada

Man könnte fast meinen, Almada sei ein Stadtteil von Lissabon – tatsächlich aber ist es eine kleine, eigenständige Stadt. Hier kannst du bis zur berühmten **Jesusstatue Cristo de Rei** wandern und den Panoramablick auf die portugiesische Hauptstadt genießen. Mit der Fähre kommst du im Nu auf die andere Flussseite und so lässt sich eine Fährenfahrt wunderbar in dein Tagesprogramm integrieren. Auch ein Besuch auf dem **Fischmarkt** ist unbedingt zu empfehlen. Am besten pellst du dich schon frühmorgens aus dem Bett, um den besten Thekenfang zu machen!

Die luftigen Höhen des Cristo de Rei garantieren dir das perfekte Fotomotiv von Lissabon. 38.6793433, -9.1709487

Besonders beliebte Fischsorten sind der Robalo und Sardinen. Typischerweise werden Sardinen gegrillt, mit der Hand filetiert und verspeist.

Retro Queen

Bunte, bedruckte Blusen aus den 1980ern, Jeansjacken ohne Ende, geblümte Kleider und coole Rockband-T-Shirts – in dem Vintagestore

WOHLBEHÜTET

Wie sein brasilianisches Pendant in Rio bewacht die Cristo-de-Rei-Statue Lissabon von Almada aus

gibt es eine tolle Auswahl an Secondhandklamotten zu super Preisen. Außerdem wohnt in dem Laden eine niedliche Katze, die alles im Blick hat und Kunden nett begrüßt, wenn sie nicht gerade schläft. Der Vorteil im Vergleich zu den zahlreichen anderen Secondhandläden in Lissabon ist, dass die wenigsten den Weg nach Almada auf sich nehmen, um Shoppen zu gehen. Dafür gibt es richtig gute Schnäppchen auf dem Reiseweg gen Süden!

i *Rua Cândido dos Reis 60A | Almada | tgl. 11–21 Uhr | retro-queen.negocio.site*

116 km Der Tourenverlauf führt dich weiter nach Comporta. Dafür nimmst du die Autobahn A2 Richtung Setúbal/Caparica und folgst den Schildern A2/Sul. Nach 50 Kilometern hältst du dich links und befährst weiterhin die A2/E1 Richtung Algarve/Alcácer do Sal. 25 Kilometer später nimmst du die Ausfahrt 8 und gelangst auf die N5. Nach 600 m geht es auf die IC1/N5. Dann folgst du dem Straßenverlauf 5,5 Kilometer und fährst bei der Ausfahrt Comporta ab. Du gelangst auf die N253 und folgst der Straße 26 Kilometer bis nach Comporta.

Spot 

Comporta
Strandstadt mit Karibikflair ▶ **S. 114**

TRUBELFREI

Den Ferienort Vila Nova de Milfontes im Naturpark des südöstlichen Alentejo bereichen Traumstrände

42 km Von Comporta geht es Richtung Süden zum Badoca Safari Park bei Santiago do Cacém. Die Reise startet auf der N261, der du 11 Kilometer folgst und dich dann rechts hältst, um weiter auf der N261 zu bleiben. Nach 30 Kilometern biegst du rechts ab und noch in der Auffahrt zur A26 Richtung Sines führt eine Schotterpiste zum Badoca Safari Park.

Badoca Safari Park

Willkommen in der Wildnis! In dem 90 Hektar großen Safaripark kannst du exotische Tiere wie Giraffen, Lemuren, Papageien, Zebras oder Affen in der „freien" Wildbahn beobachten. Anders als im Zoo erinnern die sehr großen Gehege an weitläufige Steppengebiete oder an den Regenwald Afrikas. Zweimal täglich gibt es Vogelschauen mit Adlern und Geiern; es können auch Spezialtouren wie Giraffen- oder Lemurenfütterungen gebucht werden.

i *170, 7501-909 Vila Nova de St. André | tgl. 9.30–17.30 Uhr | 17,90 €, Kinder 4–10 Jahre u. Senioren 15,90 €, Familien 61 € | badoca.com*

P *Ausreichend Parkmöglichkeiten vor dem Parkgelände.*

Die Wasserrutschbahn American Rafting, bei der es einen 500 Meter langen Wasserhang hinuntergeht, garantiert eine Extraportion Spaß für 3 €.

17 km Nach einer Runde Tierbeobachtung und Wasserspaß führt dich der Weg nach Sines und Porto Covo. Die Fahrt beginnt auf der A26 direkt am Safaripark, der du 15 Kilometer bis zum ersten Kreisverkehr folgst und dort die zweite Ausfahrt nimmst. An der zweiten Kreuzung biegst du rechts ab und folgst dem Straßenverlauf rund einen Kilometer ins Stadtzentrum von Sines.

Spot 15

Sines & Porto Covo

Zwischen Lissabon und der Algarve ▶ **S. 118**

22 km Von Porto Covo reist du weiter nach Vila Nova de Milfontes. Für ein paar Hundert Meter folgst du noch der M1109, bevor du nach rechts auf die M554 abbiegst. Nach 3,5 Kilometern kommt ein Kreisverkehr, an dem du die erste Ausfahrt nimmst und für 14 Kilometer auf die CM1072 fährst. Danach geht es am Kreisverkehr an der ersten Ausfahrt auf die N390. Der Straße folgst du 1,5 Kilometer. Am zweiten Kreisverkehr biegst du an der ersten Ausfahrt rechts ab und schon bist du in Vila Nova de Milfontes!

Vila Nova de Milfontes

Die kleine Stadt liegt im mittleren Bereich der Küstenlinie des Alentejo. Typisch portugiesische weiße Häuser zieren die kleinen Gassen und schaffen ein charmantes Stadtbild. Vila Nova de Milfontes ist vor allem bei Portugiesen im Sommer ein beliebtes Urlaubsziel, denn hier kann man wunderbar am Strand und an der Mündung des Mira-Flusses den Bauch in die Sonne strecken, durch die Gassen flanieren und leckeren Fisch essen. Selbst wenn es im Sommer voll ist, findet man schnell entlegenere Strände, wie die **Praia do Brejo Largo** oder die **Praia do Carreiro das Fazendas,** an denen man ganz entspannt ohne Trubel vor sich hindösen kann.

P *Rua D. João II 3–1, Vila Nova de Milfontes*

Praia do Farol

An dem Zipfel von Vila Nova de Milfontes liegt vor dem Leuchtturm ein kleiner Strand, der wunderschön ist und von dem man einen tollen Ausblick auf den Sonnenuntergang und den Fluss hat. An dem vorgelagerten Riff brechen die Wellen und laufen weiter ruhig zum

Strand, sodass man superentspannt ohne Wellengang das Meer genießen kann.

P *Kurz vor dem Leuchtturm gibt es mehrere Parkplätze.*

Rund 5 Kilometer von Vila Nova de Milfontes (37.753528, -8.717307) liegt von dichtem Grün beschützt ein riesiger Wasserfall, der nicht sehr bekannt ist.

42 km Die Fahrt führt von Vila Nova de Milfontes nach Odeceixe in den Parque Natural do Sudoeste Alentejano e Costa Vicentina. Zunächst geht es via N393 über den Mira-Fluss. Der Straße folgst du 15,8 Kilometer, bis du nach rechts auf die M502 abbiegst und nach weiteren 8,3 Kilometern links auf die M502-1. Nach 4,2 Kilometern verlässt du den ersten Kreisverkehr an der ersten Ausfahrt und gelangst auf die N120. Der Straße folgst du 12 Kilometer. Danach geht es rechts auf die Straße Variante 19 de Abril. Nun folgst du der Straße solange, bis du an der Praia de Odeceixe angekommen bist.

Spot 16

Parque Natural do Sudoeste Alentejano e Costa Vicentina

Der wilde Westen ▶ **S. 122**

16 km Du verlässt Odeceixe im Parque Natural do Sudoeste Alentejano e Costa Vicentina auf der N120 Richtung Aljezur. Die Fahrt über die Nationalstraße durch weite grüne Landschaft und kleine Dörfer ist besonders schön. Dem Straßenverlauf folgst du 15 Kilometer und nimmst am Kreisverkehr die erste Ausfahrt.

Aljezur

Das kleine Dorf im Hinterland gehört bei einer Tour Richtung Algarve einfach dazu. Nette Cafés, ein paar Geschäfte mit allerhand Körben, Taschen und Armbändern, eine Markthalle mit frischem Obst und Gemüse vom Bauern, kleine Gassen und eine noch kleinere Hauptstraße, auf der ganz schön viel los ist – hier gibt es einiges zu entdecken!

P *Am besten an der oder hinter der Markthalle kurz vor der kleinen Brücke.*

Castelo de Aljezur

Ein Bummel durch die kleinen Gassen des Dorfs bis hoch hinauf zum Castelo de Aljezur ist ein schöner Mini-Ausflug. Zwischen den alten Gemäuern, der letzten islamischen Bastion, die 1249 von den Christen erobert wurde, hast du von der Bergspitze aus einen tollen Blick auf das Umland.

43 km Auf der N120 geht es nun in Richtung Sagres, dem letzten Etappenziel dieser Tour. Nach 7,2 Kilometern kommst du an eine Kreuzung, an der du rechts auf die N268 Richtung Sagres abbiegst. 28 Kilometer lang fährst du auf dieser alleeähnlichen Straße durch wunderbar weite Landschaft. Aber Achtung, denn die Straße ist mit Schlaglöchern übersät. In Vila do Bispo macht die N268 eine langezogene Rechtkurve um den Ort. Im Kreisverkehr nimmst du die vierte Ausfahrt, um der Nationalstraße für 8,9 Kilometer Richtung Sagres zu folgen. Am ersten Kreisverkehr fährst du geradeaus auf die N268-2, wo du an einem großen Parkplatz den Camper in Meeresnähe abstellen kannst.

Ziel & Spot 17

Sagres & Vila do Bispo

An Portugals Zipfel ▶ **S. 126**

Optionaler Anschluss: Tour E ▶ **S. 130**

ARTENVIELFALT

Das Angebot an den Ständen der Markthalle von Aljezur ist überwältigend

Comporta
Strandstadt mit Karibikflair

Hier kann man wirklich bleiben! Comporta ist das Urlaubsparadies schlechthin: weiße lange Sandstrände und kleine Buchten, türkisfarbenes Meer, Palmen und eine unglaublich entspannte und positive Stimmung – Südseefeeling pur. Dazu gibt es noch leckeres Essen und guten Wein. Darf es sonst noch was sein?

P *RV Park Comporta, Rua da Barca 50, 38.377980, -8.785757*

STIMMUNGSVOLL

Am Cais Palafítico von Comporta kannst du der Sonne entspannt beim Baden zusehen

AKTIVITÄTEN & SIGHTSEEING

1 Sunset am Cais Palafítico da Carrasqueira

Ein alter Holzsteg und kleine bunte Fischerboote erwarten dich am Cais Palafítico da Carrasqueira. Der kleine Hafen ist der beste Platz, um Fischer im Morgengrauen zu beobachten oder um abends den Sonnenuntergang im romantischen Ambiente zu genießen. Ein bisschen Kitsch kann nie schaden.

2 Winetasting auf dem Gut Herdade da Comporta

Eine kleine Weinprobe im Weingut Herdade da Comporta gefällig? Zuvor wirst du durch die heiligen Hallen des Weinguts und durch die Weingärten geführt. Dabei erweiterst du nicht nur dein Wissen über Weinherstellung, sondern darfst natürlich auch Rot-, Weiß- und Roséwein verkosten. ***Infos:*** *Espaço Comporta, EN 253, Km 1 | Comporta | tgl. 10–19 Uhr | Weinverkostung u. -führung ab 12 € | Tel. 2 65 49 99 00 | herdadedacomporta.pt*

3 Hoch zu Ross mit Cavalos na Areia

Auf dem Rücken eines Pferds am Traumstrand entlangreiten – da eröffnen sich neue Perspektiven! Hier kannst du eine geführte Tour mit einem erfahrenen Guide buchen, unabhängig davon, ob du reiterfahren oder Neuling bist. Einmal aufgesattelt, geht es den weißen Sandstrand von Comporta rauf und runter. ***Infos:*** *Estrada Nacional 261, km 6 | Comporta | verschiedene Touren buchbar ab 30 € | Tel. Tel. 9 13 18 18 44 | cavalosnaareia.com*

Genieße an einer der zahlreichen Strandbars einen Aperol Spritz zum Sunset.

4 Traumstand gesichtet: Praia do Pego

Die Praia do Pego ist eine gute Viertelstunde vom Ortskern entfernt und punktet mit weißem feinem Sand, türkisblauem Wasser, Sonnenschirmen aus Bast und Südseeflair. Hier kannst du eine Runde im Meer planschen, dir die Sonne auf den Bauch scheinen lassen und dabei einen kühlen Drink von der Beachbar schlürfen.

REGENTAG – UND NUN?

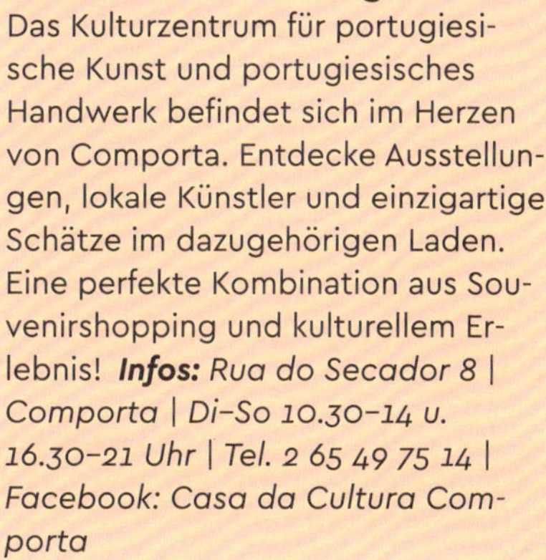

5 Auf Schatzsuche in der Casa da Cultura gehen

Das Kulturzentrum für portugiesische Kunst und portugiesisches Handwerk befindet sich im Herzen von Comporta. Entdecke Ausstellungen, lokale Künstler und einzigartige Schätze im dazugehörigen Laden. Eine perfekte Kombination aus Souvenirshopping und kulturellem Erlebnis! ***Infos:*** *Rua do Secador 8 | Comporta | Di–So 10.30–14 u. 16.30–21 Uhr | Tel. 2 65 49 75 14 | Facebook: Casa da Cultura Comporta*

ESSEN & TRINKEN

6 Restaurante São João

Aus gutem Grund stadtbekannt, denn traditionellerweise kommt hier hervorragender und fangfrischer Fisch auf den Tisch. Weswegen es abends immer ziemlich voll ist und man einen Tisch reservieren sollte! ***Infos:*** *Rua 24 de Junho 2 | Comporta | Mo–Mi u. Fr–So 12–16 u. 19–22 Uhr | Tel. 9 60 31 41 73 | €€ | Facebook: Restaurante São Joao*

7 Comporta Café

Strandfeeling pur: Das Café liegt direkt an der paradiesischen Praia do Comporta und auf der Karte steht eine feine Auswahl an süßen und deftigen Snacks sowie mediterranen Speisen. ***Infos:*** *Praia do Comporta | Comporta | Di–So 12.30–22 Uhr | Tel. 2 65 49 76 52 | comportacafe.com.pt | €€€*

8 Be Comporta

Gesund und frisch ist hier die Devise! In dem hippen Café gibt es eine tolle Auswahl an gesunden Gerichten, die in der gemütlichen Atmosphäre besonders gut schmecken. Ideale Location für einen gechillten Brunch vor einem aufregenden Tag! ***Infos:*** *Rua Beco das Comportas | Comporta | 10.30–22 Uhr | Tel. 2 65 52 32 09 | €*

EINKAUFEN

9 Lavanda

In dem hübschen Laden mit Beachlook gibt es Klamotten, Accessoires, Körbe und Möbel, die nach Sommer und Lebensfreude schreien und mit Liebe ausgewählt sind. ***Infos:*** *Largo de São João 3 | Comporta | 12.30–22 Uhr | Tel. 2 65 09 83 64 | lavanda-comporta.com*

SPORTLICH

Die Pinienwälder hinter der Praia da Galé kann man super per Mountainbike erkunden

STELL- & CAMPINGPLÄTZE

10 Kleiner Platz im Hinterland

Der familiäre Platz liegt im Landesinneren in Alcácer do Sal, rund 25 Minuten von Comporta entfernt. Die 32 Stellplätze auf Rasen werden von kleinen Bäumen umgeben und durch Hecken voneinander abgegrenzt. Für die heißen Tage im Jahr sorgt ein Swimmingpool für Abkühlung. Da der Platz so klein ist, gibt es nur ein Wasch- und Duschhaus, aber natürlich mit geschlechtergetrennten Räumlichkeiten. Außerdem sind Waschmaschinen und ein Restaurant vorhanden. Auf dem Campingplatz geht es grundsätzlich ruhig und gemütlich zu. Viele der Camper sind Wiederholungstäter und kommen alle Jahre wieder.

Parque de Campismo de Alcácer do Sal ☺

€€ | Olival do Outeiro | 7580-228 Alcácer do Sal
Tel. 2 65 61 23 03 | cm-alcacerdosal.pt
GPS: 38.3803289, -8.5157702

▸ **Größe:** *32 Stellplätze*

11 Komplettpaket

Zwar sind es rund 34 Kilometer nach Comporta, dafür übernachtet man mitten im duftenden Pinienwald und in nur 800 m winkt ein langer Sandstrand. Der Platz ist sehr groß und bietet auch in der Sommersaison ausreichend Platz für Camper – beliebt sind natürlich die Plätze unter schattenspendenden Pinien. Auch die Ausstattung kann sich sehen lassen: Es gibt ein Restaurant, eine Bar, einen Supermarkt, Waschmaschinen, Kinderspielplatz, Ballspielfeld und einen Pool. Neue Gasflaschen erhält man direkt vor Ort: Sehr praktisch, wenn die eigene schlappzumachen droht. Die Bushaltestelle ist nur 25 m entfernt. Kleiner Nachteil: Man muss Mitglied im Clube de Campismo de Lisboa (CCL) sein, um hier übernachten zu können.

Parque de Campismo de Melides ☺

€€ | 7570-606 Melides
Tel. 2 69 90 71 51 | clubecampismolisboa.pt/
GPS: 38.130858, -8.781413

▸ **Größe:** *60 Stellplätze*

Sines & Porto Covo
Zwischen Lissabon und der Algarve

Zwischen der Metropole Lissabon und der sonnigen Algarve befindet sich ein kleines Fleckchen Erde, das bei vielen Portugalreisen völlig zu Unrecht außer Acht gelassen wird: Sines und Porto Covo sind zwei gute Gründe zu verweilen! Mal ganz davon abgesehen, dass man in Sines in Badewannenwasser planschen kann und Porto Covo eine Augenweide ist, gibt es hier einiges mehr, was sich zu entdecken lohnt.

P *Alameda da Paz 57–45, Sines, 37.95872, -8.8670519*

HITVERDÄCHTIG

Die Praia da Samouqueira zählt zu den malerischsten von ganz Portugal

AKTIVITÄTEN & SIGHTSEEING

1 Hafentour in Sines

Der Hafen von Sines ist der wichtigste an der iberisch-atlantischen Küste. Als Tiefwasserhafen kann er von den richtig großen Dampfern angefahren werden und das ist allemal ein Schauspiel. Eine exklusive Führung durch den riesigen Hafen lohnt sich. ***Infos:*** *Sines Tecnopolo | ZIL II, Lot 122 A | Sines | Mo–Fr 9–12 u. 14–16 Uhr | 90 Minuten, ab 4 Pers., p.P. 12 €, mind. 10 Tage vorher online buchen und bezahlen | sines-tis.com*

2 Warmwasserplanschen an der Praia de São Torpes

Das Wasser an der portugiesischen Atlantikküste ist selbst im Sommer nicht sonderlich warm, was eine willkommene Abkühlung sein kann, manchmal aber auch zu Gänsehautmomenten führt. In São Torpes aber ist das Wasser ungewöhnlich warm. Dieser Umstand ist dem nahegelegenen Wärmekraftwerk zu verdanken! Aber keine Sorge, mit der Wasserqualität ist alles in Ordnung und du kannst dich bedenkenlos im glasklaren Wasser treiben lassen.

3 Die Sonne genießen an der Praia da Samouqueira

Der Strand zählt zu den schönsten der Umgebung: eine kuschelige Bucht mit feinstem hellgelben Sand, gerahmt von bizarren Felsformationen. Je nach Wasserstand bildet sich eine kleine Lagune zwischen den Felsen. Hier kannst du getrost alle viere von dir strecken, ohne Wellengang eine Runde baden und das Leben genießen.

Insider-Tipp

Ein Berliner in Portugal

Bolas de Berlim, das köstliche portugiesische Pendant zu Berlinern, werden am Strand feilgeboten.

4 Bummel durch Porto Covo

Wenn es noch ein Vorzeigedorf mit dem Attribut „typisch portugiesisch" gibt, dann dieses! Das Fischerdorf punktet mit charmanten Kopfsteinpflastergassen, weißen Hausfassaden mit blauen Verzierungen und roten Türen. Gelassenheit und Ruhe sind die Devise, ohne dabei langweilig zu sein. Auf jeden Fall sollte man für einen Espresso oder eine Pastel de Nata pausieren – das gehört einfach dazu. ***Parkplätze:*** *M1109, rechts bei der Einfahrt nach Porto Covo*

REGENTAG – UND NUN?

5 Museu de Sines

Genau das Richtige für Geschichtsfreaks und einen Regentag: Hier erfährst du alles über die Vergangenheit von Sines und über den berühmten Seefahrer Vasco da Gama. Das Museum befindet sich in einer alten, renovierten Burg, die 2008 für 900.000 Euro liebevoll restauriert wurde. ***Infos:*** *Castelo de Sines, Rua João de Deus 22 | Sines | 14.30–17 Uhr | Eintritt frei | sines.pt*

ESSEN & TRINKEN

6 Bom Remédio Café

Vom süßen Frühstück bis zum deftigen Abendessen – hier gibt es zu jeder Tageszeit das richtige Essen. Auf der großen Terrasse kannst du mitten in Sines wunderbar entspannen und die Sonne genießen. ***Infos:*** *Praça Tomás Ribeiro 3/4 | Sines | Mo–Sa 9.30–22.30 Uhr | Tel. 2 69 87 82 52 | bomremedio.pt | €*

7 Cais da Estação

In dem schicken Restaurant werden vor allem leckere Fischgerichte serviert. In gediegener Atmosphäre und bei einem guten Glas Wein kannst du dich kulinarisch einfach mal verwöhnen lassen. ***Infos:*** *Avenida General Humberto Delgado 16 | Sines | Di–Sa 12.30–15 u. 19–22.30, So 12.30–15 Uhr | Tel. 2 69 63 62 71 | caisdaestacao.com | €€€*

8 Pizzeria La Bella Vita

Knuspriger Pizzaboden mit frischer Tomatensauce und belegt mit herrlich weichem Mozzarella – in der gemütlichen Pizzeria gibt es die beste Pizza der Stadt und mindestens ebenso leckere Pastagerichte sowie ein göttliches Tiramisú. ***Infos:*** *R. Vasco da Gama 8 | Porto Covo | tgl. 12–16 u. 18–23 Uhr | Tel. 2 69 90 51 15 | labellavita.eu | €€*

EINKAUFEN

9 Mercado Municipal Porto Covo

Jedes Mal aufs Neue ist ein Marktbesuch in Portugal ein Erlebnis: gesundes Obst

VERLOCKEND

Direkt vom Camper ins Meer hüpfen zu können, verleiht sofort ein herrliches Urlaubsgefühl

und Gemüse von lokalen Bauern, duftende Blumen und fangfrischer Fisch. Hier kannst du auch hervorragend deine Portugiesischkenntnisse aus der Lektion „Auf dem Markt" zum Besten geben und inmitten des geschäftigen Treibens ins einheimische Leben eintauchen. ***Infos:*** *Estrada Municipal | Porto Covo | Di–So 7–13 Uhr*

STELL- & CAMPINGPLÄTZE

10 Moderner Platz in Strandnähe

Optimal: Von dem großen Platz am Stadtrand von Porto Covo gelangst du zu Fuß in Kürze sowohl ins Städtchen als auch ans Meer (500 m), sodass du deinen Van getrost einfach mal stehen lassen kannst. Der Campingplatz ist mit allem ausgestattet, was das Herz begehrt: Ein großer Swimmingpool, eine Bar, ein Restaurant, ein kleiner Supermarkt, ein Kinderspielplatz und sogar ein Fußball- und Tennisplatz sind vorhanden. Die sanitären Anlagen sind modern und sauber und das Personal ist superfreundlich.

Parque de Campismo Porto Covo

€€ | Estrada Municipal 554 | 7520-437 Porto Covo
Tel. 2 69 90 51 36 | campingportocovo.pt
GPS: 37.8527141, -8.7878884

▶ **Größe:** *20 Stellplätze*

11 Mitten in der Natur

Der moderne, ruhig gelegene Campingplatz befindet sich in direkter Nähe zum Strand, perfekt für ein schnelles Bad im Meer. Die einzelnen Parzellen liegen auf grüner Wiese und teils unter Bäumen. Bis auf die Sommermonate Juli und August geht es auf dem Platz sehr entspannt und familär zu. Waschmaschinen, ein Restaurant, ein Aufenthaltsraum und ein großer Pool runden das Angebot ab.

Parque Campismo da Ilha do Pessegueiro

€€ | Estrada da Ilha | 7520-421 Porto Covo
Tel. 2 69 90 51 78 |
ilhadopessegueirocamping.com
GPS: 37.8419476, -8.780242600000

▶ **Größe:** *25 Stellplätze*

Parque Natural do Sudoeste Alentejano e Costa Vicentina
Der wilde Westen

An der Westküste geht es in puncto Natur wild zu: schroffe, steile Felsklippen in rostrot, tosende Wellen, leere Strände, duftende Pinienwälder, endloser Sternenhimmel und weite, einsame Landschaften! Hier riecht und fühlt man die Freiheit besonders stark. Die Westküste ist wie gemacht für eine Reise mit dem Wohnmobil, denn hier findest du an jeder Ecke atemberaubende Ausblicke, fährst Traumstrecken entlang und triffst zahlreiche Gleichgesinnte – große Liebe für die wildromantische Küste!

GROSSES KINO

Der Ausblick von den Klippen der Costa Vicentina auf die Praia do Odeceixe ist nicht zu toppen

AKTIVITÄTEN & SIGHTSEEING

1 Chillen an der Praia do Odeceixe

Der winzig kleine und wunderschöne Küstenort Odeceixe wirkt wie weltentrückt und strahlt etwas Hippiemäßiges aus – ein Ort zum Energie tanken und die Seele baumeln lassen. Allein die Anfahrt durch wilde Natur und grüne Pinienhaine ist phänomenal. Der Strand ist von steilen, bizarren Felsklippen umgeben und der Ribeira de Seixe mündet hier ins Meer. Wem das Meer zu wild ist, der kann sich also einfach im seichteren Fluss abkühlen. Für kühle Drinks sorgt eine kleine Strandbar. ***Parkplätze:*** *Direkt am Ortseingang, 37.439269, -8.797220*

2 Klippenwanderung von Monte Clérigo nach Arrifana

Die rund zweistündige Wanderung von Monte Clérigo nach Arrifana führt dich entlang der Klippen – das Meer immer im Visier. Der Weg ist Teil des **Pilgerwegs Fishermen's Trail.** Gewandert wird auf sandigem Boden umgeben von bunter Blumenlandschaft. Auf dem gleichen Weg, aber mit umgekehrtem Blickwinkel, geht es auch wieder zurück. ***Infos:*** *rotavicentina.com | als Windschutz Stirnband oder dünne Jacke mitnehmen.* ***Parkplätze:*** *37.339909, -8.855230*

Insider-Tipp

Sternenhimmel de luxe

Einen unglaublichen Blick auf die Milchstraße kannst du auf einer außergewöhnlichen Nachtwanderung erleben.

3 Surfen in Arrifana

In Arrifana bevölkern Surfer den Strand und das Wasser, also rauf auf's Surfbrett. Der windgeschützte Strand ist ideal für Anfänger und Fortgeschrittene. In der **Arrifana Surf School** bekommst du an einem halben Tag ein paar Basics beigebracht, alternativ leihst du dir dort ein Surfboard und probierst es selbst. ***Infos:*** *Arrifana Surf School | 6 Std. Surfunterricht 35 €, nur Board- u. Wetsuitverleih direkt am Strand Surfboard 3 Std. 20 €, Wetsuit 3 Std. 10 € | arrifanasurfschool.com* ***Parkplätze:*** *EM1003-1 36, 37.2956564, -8.8658562*

4 Ausblick auf Praia da Bordeira

Wow: Blick frei auf einen der schönsten Strände Portugals! Ein langer,

AUSGEHEN

5 Pizzaparty

Legendär! An der ganzen südlichen Küste ist die wöchentliche Party bekannt und lockt Surfer, Hippies und Vanreisende von überall her an. Tief im Hinterland findet die Feierei statt und startet namensgebend mit so viel selbst gemachter Pizza aus dem Steinofen, wie du verdrücken kannst. Zu Elektromusik und einer spacigen Dekoration kannst du bis zum Sonnenaufgang im Freien tanzen! ***Infos:*** *Tojeiro, Tojeiro 8550-165 | Marmelete | jeden Freitag ab 18 Uhr open end | all you can eat 10 € | fridayhappiness.org*

breiter Sandstrand auf der einen Seite und das tosende Meer auf der anderen. Vom Aussichtspunkt hoch oben *(über die Estrada da Praia erreichbar)* kannst du den Blick bis nach Arrifana genießen. Dieses Panorama überzeugt garantiert. ***Parkplätze:*** *Dünenstellplatz, 37.189495,-8.9072013*

ESSEN & TRINKEN

6 Arte Bianca

Italien in Portugal: In dem gemütlichen Restaurant gibt es vorzügliche Pizza und Pasta, die du bei gutem Wetter in dem schönen Garten unter Lichterketten genießen kann. Als Absacker empfiehlt sich ein Limoncello! ***Infos:*** *Edificio M, Urbanização Vale da Telha sector B | Aljezur | tgl. 12–23 Uhr | Tel. 9 66 77 44 62 | €€ | Facebook: Arte Bianca*

7 O Sargo

Das hippe Restaurant mit Terrasse liegt direkt am Strand. Die modernen mediterranen Gerichte werden schön angerichtet serviert und schmecken grandios. Im Sommer spielen abends oft Livebands und verwandeln die Terrasse in einen kleinen Konzertsaal. ***Infos:*** *Praia de Monte Clérigo | Aljezur | tgl. 12–22 Uhr | Tel. 2 82 09 73 47 | €€ | Facebook: O Sargo*

8 Sea you Surf Café

Der perfekte Platz zum Chillen nach dem Surfen oder nach dem Sonne tanken: Das Café hat gemütliche Sitzsäcke, eine große Terrasse und eine Speisekarte mit gesunden Leckereien, Burgern, Süßkartoffelpommes & Co. Hier ist alles selbst gemacht und mit viel Liebe zubereitet. ***Infos:*** *M1003-1 | Praia da Arrifana | Mo–Do 10–18.30 u. Fr–So 10–22 Uhr | Tel. 2 82 99 50 82 | € | Facebook: Seayousurfcafe*

LAUERSTELLUNG

Arrifana ist Surfer-Hotspot und Adrenalin-Hochburg – alle warten auf die perfekte Welle

EINKAUFEN

9 Madame Granel

Hier kaufst du Lebensmittel wie Haferflocken, Linsen, Nüsse und verschiedenste Mehlsorten unverpackt. Bring die eigenen Behältnisse mit und geh plastikfrei shoppen. ***Infos:*** *Travessa Primeiro de Maio 2 | Aljezur | Do–Sa 17–23 Uhr | Tel. 9 63 13 87 42*

STELL- & CAMPINGPLÄTZE

10 Entspannter Platz unter Eukalyptusbäumen

Inmitten grüner Wiesen und im Schatten großer Eukalyptusbaumhaine erstreckt sich das große Gelände des ruhigen Campingplatzes in der Nähe von Aljezur. Die Waschräume sind zwar nicht die modernsten, aber immer sauber und gepflegt. Für das Wohnmobil gibt es eine Wasch- und Entsorgungsstation. Zum Strand fährt man am besten mit dem Auto, denn der Weg zu Fuß ist nicht der schnellste.

Camping Serrão 

€€ | Herdade do Serrão | 8670-121 Aljezur
Tel. 2 82 99 02 20 | campingserrao.com
GPS: 37.3394530, -8.8128054

▶ **Größe:** *60 Stellplätze*

11 Großer luxuriöser Platz mit All-you-can-eat-Buffet

Der pinienbestandene Campingplatz im Hinterland von Odeceixe mit ausreichend Platz für Wohnmobile garantiert auch im Sommer entspannte Stunden im Schatten. Jeder kann sich den perfekten Schlafplatz selber aussuchen. Die sanitären Anlagen sind sauber und gepflegt. Erfrischungshalber springt man in den großen Pool mit Garten und Liegefläche. Ein Supermarkt, ein tolles Restaurant mit großem Buffet zum Frühstück, Mittag- und Abendessen, eine Spielhalle mit einem Billardtisch und eine Bar runden den Service ab. Zum nächsten Strand in Odeceixe braucht man rund 20 Autofahrminuten.

Parque de Campismo São Miguel

€€€ | R. Estrada Nacional 120 | 7630-592 Odeceixe
Tel. 9 26 68 06 11 | campingsaomiguel.com
GPS: 37.4381452, -8.7559235

▶ **Größe:** *60 Stellplätze*

Sagres & Vila do Bispo
An Portugals Zipfel

Den äußersten Südwesten Portugals gestalten steile Klippen, kleine wunderschöne Buchten zum Surfen und Baden und vor allem Sonne satt! Selbst wenn das Wetter an der Westküste grau ist, scheint in Sagres die Sonne. Das schöne Wetter trägt zur guten und fröhlichen Stimmung unter den vielen Vanreisenden bei, die sich aus aller Herren Länder treffen, um eine gute Zeit miteinander zu verbringen und die ein oder andere Welle zu surfen.

P *vor der Landzunge zum Fortaleza de Sagres, 37.0045691, -8.9452184*

LANDSEND

Wenn bei Sagres die rote Sonne im Meer versinkt, so möchte man das bekannte Lied für Cabo de São Vicente umdichten

AKTIVITÄTEN & SIGHTSEEING

1 Nächster Halt Amerika – Cabo de São Vicente

Der südwestlichste Punkt Europas liegt bei Sagres, an den wilden Felsklippen der Algarve. Das Setting: Alte, geschichtsträchtige Gemäuer, ein **Leuchtturm** und die endlosen Weiten des Atlantiks, da rückt der Alltag in weite Ferne. Aber vorher bitte noch beim Kultimbiss vor dem Leuchtturm „Letzte Bratwurst vor Amerika" eine solche genießen – ein Selfie davor reicht aber auch aus. ***Infos:*** *Estrada Cabo de São Vicente, N268 | Sagres | tgl. 10–18 Uhr | Eintritt 2 €* ***Parkplätze:*** *Auf der rechten Straßenseite kurz vor dem Leuchtturm*

An den Klippen des Fortaleza de Sagres kannst du den Speicherplatz deines Fotoapparates mal so richtig ausreizen. Sonnenauf- und -untergang sind einfach spektakulär (37.001441, -8.947793).

2 Chillen an der Praia do Martinhal

Feiner weißer Sand, glasklares Wasser, ein paar kleine Dünen und rostrote Klippen: Dieser Strand kann locker mit einem Südseependant mithalten. Das türkisfarbene Wasser sorgt für angenehme Erfrischung und einen kühlen Drink oder ein leckeres Eis gibt es an der Strandbar.

3 Paradiesische Ausblicke von den Klippen

Die romantisch raue Landschaft und die wilden Klippen der Algarve kannst du am besten auf einer kleinen Wanderung bestaunen. Von der **Praia do Martinhal** führt ein Weg über die Klippen bis zur **Praia do Barranco** – ein Ausblick ist schöner als der andere. Bei Sonnenschein und wenig Wind schimmert das Wasser türkisblau und so lohnt sich am Schluss ein Sprung ins erfrischende Nass.

4 Wildromantisch: Praia da Ponta Ruiva

Die Fahrt ist genauso crazy und wild wie der Strand selbst: Man jückelt über Schotterpisten zu dem versteckten, von bizarren Felsformationen umgebenen Paradies. Hier treffen sich Wohnmobilreisende mit abenteuerlichen Riesenvans und vor allem Surfer. ***Parkplätze:*** *37.067165, -8.963616; auch wenn die Fahrt holprig verläuft, kannst du sie mit dem Wohnmobil gut bewerkstelligen!*

REGENTAG – UND NUN?

5 Three Little Birds

Eine perfekte Mischung aus Restaurant, Café und Bar. In der großen, liebevoll gestalteten Location gibt es hausgemachte Tacos, Burger und eine riesige Auswahl an Drinks. Auf dem gemütlichen Sofa oder der urigen Terrasse kannst du wunderbar chillen und neue Bekanntschaften schließen. Die Atmosphäre ist locker und im Sommer finden regelmäßig Konzerte, BBQ's und Partys statt. ***Infos:*** *Rua do Mercado | Sagres | Do–Mo 9–23, Mi 21.30–2 Uhr | Tel. 2 82 62 44 32 | three-little-birds.org | €€*

ESSEN & TRINKEN

6 Laundry Lounge Sagres

Ein sehr beliebter Treffpunkt für Reisende, denn hier gibt es nicht nur gesundes Essen und bunte Smoothies, sondern auch zahlreiche Waschmaschinen und Trockner. Bei einer Açai-Bowl und einem Flat White kannst du deine Wäsche waschen und mit dem Tischnachbarn quatschen. Im Sommer findet täglich Yoga im Garten statt. Außerdem gibt es ab und an Konzerte. ***Infos:*** *Rua da Nossa Sra. da Graça | Sagres | Di–So 9–23 Uhr | Tel. 2 82 07 53 92 | laundry-lounge-sagres.business.site/ | €€*

7 D'Italia Pizzeria

Eine gute Pizza geht immer, oder? Hier gibt es wunderbare Steinofenpizza und cremige Pasta – auch zum Mitnehmen auf die nächste Klippe. Perfekt zum Sonnenuntergang schauen. ***Infos:*** *Praça da República 1 | Sagres | tgl. 12.30–22 Uhr | Tel. 2 82 62 45 15 | €€ | Facebook: DItaliaPizzeria*

8 Izzy's Market

Genau der richtige Spot für gesunde Genießer oder Allergiker. In dem kleinen, modernen Café geht es gesund, vegan, vegetarisch und glutenfrei zu – gut für Leib und Seele. ***Infos:*** *Loteamento Municipal Sra do Amparo, Fracção A, Rés-do-chão direito 5, Lote 13 | Vila do Bispo | Mo–Fr 10–17 Uhr | Tel. 2 82 63 91 53 | €€ | Facebook: Izzysmarket*

EINKAUFEN

9 Cerâmica Paraíso Mó Algarve

Hier füllt kiloweise Keramikgeschirr zu einem Spottpreis in allen möglichen Farben, Formen und Größen die Regale.

SOUVENIR

Keramikgeschirr in allen Farben und Formen gibt's in Sagres bei Cerâmica Paraíso

Übrigens: Man munkelt, dass das gleiche Geschirr in Deutschland zum dreifachen Preis verkauft wird – zuschlagen lohnt sich also. ***Infos:*** *Estrada Nacional 125 | Raposeira | Mo 9–19, Di–Sa 10–19 Uhr | Tel. 2 82 63 94 80 | Facebook: ceramica paraisomo*

STELL- & CAMPINGPLÄTZE

10 Moderner Platz in ruhiger Lage

Der große Platz liegt in ruhiger und grüner Umgebung in Sagres. Unter Pinienbäumen lässt es sich wunderbar entspannen. Waschmaschinen, eine Camperstation, ein Restaurant, ein kleiner Supermarkt und ein TV-Raum erfreuen das Camperherz und die sanitären Anlagen sind modern und sauber – sogar für vierbeinige Freunde gibt es eine Waschstation. Zum nächsten Strand, Praia do Beliche, läuft man rund zehn Minuten. Um in die Stadt zu kommen, fährst du am besten mit dem Auto oder - falls vorhanden – mit dem Fahrrad, denn die Strecke bis zum Stadtkern von Sagres ist nicht weit.

Parque de Campismo Orbitur Sagres

€€ | Cerro das Moitas | 8650-998 Vila de Sagres
Tel. 2 82 62 43 71 | orbitur.pt
GPS: 37.0227199, -8.9455741

▸ **Größe:** *60 Stellplätze*

11 Entspannung pur mitten in der Natur

Natur pur und das Meer direkt vor der Nase – der Campingplatz liegt wunderschön auf einer Klippe vor der Praia da Ingrina. Eine entspannte, ruhige und familiäre Atmosphäre ist das A und O auf dem Platz. Um die Natur umso intensiver genießen zu können, gibt es absichtlich kein WLAN – alle Basics sind aber vorhanden. Die idyllischen Lage ist genau das Richtige für Naturfans und alle, die vom hektischen Alltag entspannen wollen.

Camping Ingrina 

€€ | Estrada EM1257 | Vila do Bispo
Tel. 9 61 95 55 67 | campingingrina.com
GPS: 37.0522378, -8.8851811

▸ **Größe:** *30 Stellplätze*

GEHEIMNISVOLL

Beim Kayaking an der Algarve lassen sich viele stille Buchten entdecken

Tour E

Weiter südlich geht nicht **Von Lagos nach Serpa**

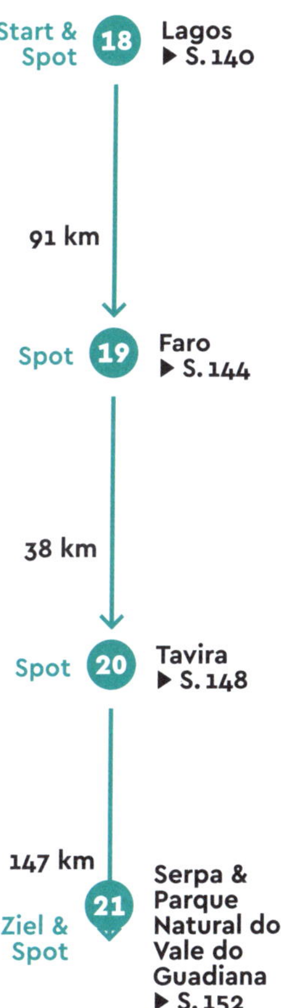

Eine perfekte Mischung aus Badespaß, Naturprogramm und Kleinstadtromantik – los geht die Erkundungstour zu den schönsten Plätzen der Ostalgarve! Am laufenden Band stößt du auf paradiesische kleine Badebuchten, erfrischst dich in kristallklarem Wasser, entdeckst die Natur, machst Inselhopping, verliebst dich in die kleinen Gassen der Städte und schlemmst großartigen Fisch. Aber Achtung: Auswanderungspläne könnte die Folge sein...

Strecke 276 km

Reine Fahrzeit 3 Std.

Streckenprofil Gut geteerte Straßen, wenig Schotterpisten und Schlaglöcher

Empfohlene Dauer 7 Tage

Anschlusstouren C D

FACTS

Tour (E) im Überblick

Tour-Highlights

Die rostroten Klippen an der *Praia Dona Ana* bestaunen ▶ S. 141

Ein **Bad unterm Wasserfall** *Queda do Vigário* in *Alte* genießen ▶ S. 141

Die **Natur Portugals** im *Parque Natural do Vale do Guadiana* entdecken ▶ S. 153

Serpa und Parque Natural do Vale do Guardiana
Seite 152
21
Ferreira do Alentejo
Canhestros
Beringel
São Matias
Pedrógão
MOURA
Póvoa de São Miguel
Safara
Pias
Sobral da Adiça
Rio de Moinhos
Aljustrel
Albernoa
Vila Nova de São Bento
N-433
IP 2
ZPE Castro Verde
Entradas
IC 1
Castro Verde
Alcaria Ruiva
Paymogo
Mértola
Gomes Aires
Almodôvar
Portugal
España
Puebla de Guzmán
Martim Longo
El Almendro
Pereiro
Ameixial
San Bartolomé de la Torre
Cachopo
San Silvestre de Guzmán
Alte
Salir
Odeleite
Villablanca
A-49
LOULÉ
São Brás de Alportel
Castro Marim
N-431
Cartaya
Isla Cristina
Lepe
Almancil
A 22
Santo Estêvão
20
Conceição
Ayamonte
El Portil
Olhão
19
Fuseta
Tavira
Seite 148
Faro
Seite 144
Golfo de Cádiz
10 km

E Tourenverlauf

Start & Spot **18**

Lagos
Wilkommen an der Südalgarve ▶ **S. 140**

Optionaler Anschluss: Tour D ▶ **S. 126**

84 km Von Lagos geht es weiter nach Quarteira. Über die Hauptstraße N125 und einige Kreisverkehre verlässt du das Stadtzentrum und fährst nach rund 4 Kilometern auf die Autobahn A22/Faro/A2/Lisabon. Auf der Autobahn bleibst du 58 Kilometer bis zur Ausfahrt 11. Dann wechselst du auf die N270. In Boliqueime passierst du zwei Kreisverkehre. Den ersten verlässt du an der zweiten, den zweiten an der dritten Ausfahrt auf die N125. Am zweiten Kreisverkehr nimmst du die erste Ausfahrt auf die Av. Vilamoura XXI, die später in die Av. Meireles übergeht. An einem großen Kreisverkehr hältst du dich rechts und gelangst auf die Av. Tivoli. Direkt hinter dem McDonald's befindet sich der Estacionamento Av. Tivoli de Vilamoura, wo du dein Auto abstellen kannst.

Quarteira

Quarteira ist nicht ganz so bekannt wie seine Nachbarorte Faro oder Lagos, aber dennoch das perfekte Urlaubsziel. Die kleine Stadt am Meer bietet die tolle Kombination aus Action und Entspannung. Die lange Strandpromenade lädt zum Bummeln, Shoppen oder Essen in einem der zahlreichen Restaurants ein. Für das Wellness- und Erholungsprogramm sorgen die wunderschönen Strände mit feinem Sand.

P *Estacionamento Avenida Tivoli de Vilamoura, 37.0773157, -8.1152486*

Praia da Lagoa

Von rostroten Klippen und einem Pinienwald umsäumt, bietet der Strand die perfekte Kulisse für einen Spaziergang. Leider darf man mit seinem Camper nicht mehr in erster Reihe auf den Klippen parken. Aber es gibt einen offiziellen Parkplatz, von dem aus der herrliche Strand und das Meer schnell zu Fuß erreicht sind.

P *Caminho Praia do Almargem, 37.0580517, -8.0811208*

Einen besseren Spot für ein Erinnerungsbild gibt es wirklich nicht. Fang das Farbspiel ein: goldgelber Strand, rote Sandsteinklippen, leuchtendgrüne Pinien, azurblauer Himmel und türkises Meer!

Insider-Tipp
Muschelsammel-Paradies

An der Praia da Lagoa gibt es die schönsten und perfektesten Muscheln Portugals ohne Ende: riesige Schellmuscheln in Weiß und Rosa.

22 km Von Quarteira geht die Reise weiter die Küste entlang nach Faro. Zunächst geht es raus aus der Stadt und rauf auf die N396. Dem Straßenverlauf folgst du einige Kilometer und Kreisverkehre, bis du auf die N125 Richtung Faro/Portimão gelangst. Nach drei Kilometern hältst du dich links und folgst den Schildern N125/Almancil. 2,3 Kilometer später fährst du auf die IC4 auf und folgst dem Straßenverlauf 8,7 Kilometer, bis du in Faro ankommst.

Spot 19

Faro

Stadtfeeling unter Palmen ▶ **S. 144**

UNVERBAUT

Auf den Klippen von Quarteira und Vilamoura die Aussicht aufs Meer genießen.

AQUARELL

Ein Gemälde aus türkisfarbenem Meer und beigem Sand – der Parque Natural Ria Formosa bei Fuseta

9,7 km Von Faro aus geht die Fahrt weiter in die Nachbarstadt Olhão. Dafür verlässt du Faro nordostwärts auf der Av. Belchior, Av. Guerreiro und der Estr. do Morinho da Palmeira, um auf die EM518 zu gelangen. Am nächsten Kreisverkehr nimmst du die erste Ausfahrt, am darauffolgenden Kreisverkehr ebenso die erste Ausfahrt und du fährst auf die N125/N125-10, der du über zwei weitere Kreisverkehre folgst. Am Kreisverkehr am Ortseingang von Olhão nimmst du die erste Auffahrt auf die Av. 5 de Outubro, die dich hinunter zur Marina und zum Parkplatz bringt.

Olhão

Das kleine Fischerdorf an der Algarve ist nicht nur ein beliebtes Urlaubsziel, sondern auch zum Fischessen eine der besten Adressen im ganzen Land. Optisch ist Olhão traditionell portugiesisch mit kleinen, engen Gassen und weißen Hausfassaden. Neben dem historischen, authentischen Stadtbild punktet das Dorf mit zahlreichen paradiesischen Stränden und wunderschöner Natur. Die vorgelagerten Inseln **Ilha da Armona** und **Ilha da Culatra** als Teil des Nationalparks Ria Formosa sind nur einige Beispiele. Nach dem Trubel in Faro steht Olhão für perfekte Entspannung und Naturerlebnis.

P *Avenida 5 de Outubro, direkt an der Marina*

Parque Natural da Ria Formosa

Rucksack aufsetzen und los geht's eine Runde in die Natur. Der Nationalpark Ria Formosa liegt östlich vom Dorf Olhão und ist ein Labyrinth aus Kanälen, Inseln, Marschland und Sandstränden. Zu sehen gibt es ein großartiges Ökosystem mit vielen besonderen Tierarten wie Vögeln und Fischen sowie atemberaubend schöner Natur bestehend aus einer Wasser-Sand-Landschaft. Besonders interessant und lustig ist, dass hier der portugiesische Wasserhund den Fischern beim Angeln hilft und selbst Fische fängt. Außerdem werden in dem Nationalpark traditionell Salz gewonnen und Muscheln gesammelt.

i *formosamar.com/de/ria-formosa, algarve-pur.de/wandern-ria-formosa-cacela-velha*

28 km Von Olhão geht die Reise weiter in die nächste Stadt an der Algarve: nach Tavira. Du verlässt Olhão auf der N398 und nimmst am ersten großen Kreisverkehr die erste Ausfahrt auf die Hauptstraße N125. Beim zweiten Kreisverkehr nimmst du wieder die erste Ausfahrt und bleibst auf der N125. 1,4 Kilometer später fährst du über die zweite Kreisverkehrsausfahrt auf die N398. Dem Straßenverlauf folgst du nun 7,5 Kilometer bis zum nächsten Kreisverkehr. Dort nimmst du die dritte Ausfahrt und fährst auf die Autobahn A22 Richtung Spanien/Tavira. Du folgst dem Straßenverlauf 11 Kilometer und nimmst dann die Ausfahrt 16 Richtung Tavira. Am nächsten Kreisverkehr nimmst du die zweite Ausfahrt und gelangst auf die N270. Der Straße folgst du 3,7 Kilometer bis zum nächsten Kreisverkehr, an dem du die dritte Ausfahrt auf die N125 nimmst. Hinter der Brücke biegst du an der nächsten Möglichkeit scharf links auf die N397 und dann wieder links auf die R. João Vaz Corte Real. Kurz hinter der Santiago-Brücke befindet sich der Parkplatz auf der rechten Seite.

Spot 20

Tavira

Die entspannte Ostalgarve ▶ **S. 148**

40 km Von Tavira geht die Reise weiter Richtung Serpa über die spanische Stadt Ayamonte. Einen kleinen Stopover im Nachbarland sollte man sich nicht entgehen lassen, wenn es ohnehin auf dem Weg liegt. Um Tavira zu verlassen, wählst du denselben Weg zurück Richtung Autobahn: Über die N125 fährst du auf die Nationalstraße N270, der du

3,6 Kilometer bis zum nächsten Kreisverkehr folgst. Hier nimmst du die zweite Ausfahrt und fährst für 28 Kilometer auf die Autobahn A22 Richtung Spanien. Nicht wundern, an der Grenze wird die A22 automatisch zur spanischen A-49. Ein paar Hundert Meter hinter der Grenze nimmst du die Ausfahrt 131 Richtung Ayamonte Norte. Am ersten Kreisverkehr wählst du die zweite Ausfahrt, am nächsten nimmst du dann die dritte und fährst auf die Avenida de la Constitución. Dieser folgst du über drei weitere Kreisverkehre. Am vierten biegst du direkt an der ersten Möglichkeit auf die Av. Cayetano Feu/ Av. de Andalucía. Am nächsten Kreisverkehr geht es geradeaus am Zoo vorbei über die Av. Ramón y Cajal. Den nächsten Kreisverkehr an der zweiten Ausfahrt verlassen und dann direkt rechts in die C. Córdoba einbiegen.

Ayamonte

Die schöne Grenzstadt in Andalusien ist ein richtiger Geheimtipp und punktet mit einer charmanten Altstadt und wunderschöner Natur. Das Stadtbild besteht aus einem mittelalterlichen Stadtkern, weißen Häusern, schmalen gepflasterten Gassen, historischen Gebäuden, barocken Kirchen und belebten Plätzen. Ebenso empfehlenswert ist ein kleiner Spaziergang entlang der mit Palmen gesäumten Promenade. Natürlich hat Ayamonte als Fischerdorf auch einen Hafen zu bieten und es gibt überall köstlichen frischen Fisch zu kaufen. Grundsätzlich kann man in der andalusischen Stadt sehr gut und günstig lokale spanische Küche genießen. Neben der schönen Innenstadt gibt es zahlreiche paradiesische Sandstrände, an denen man perfekt relaxen und sonnen kann.

P *Calle Córdoba, 7, Ayamonte, 37.2114193, -7.4063229*

Marismas de Isla Cristina

Lust auf eine Erkundungstour in die Natur? Willkommen in der schönen, großflächigen Sumpflandschaft der Insel Isla Cristina südwestlich von Ayamonte. Hier gibt es Kanäle, Schilf, Wald und zahlreiche Vogelarten zu bestaunen und entdecken. Um die Sumpflandschaft zu erkunden, schnappst du dir am besten ein Fahrrad. Aber auch zu Fuß, per Boot oder sogar zu Pferd kann die Natur entdeckt werden. Es gibt für jeden also das perfekte Transportmittel.

109 km Zum Schluss dieser Tour geht es nach Serpa als Standort für Ausflüge in den Naturpark Vale do Guadiana. Du verlässt Ayamonte über die Pista de Valdivia und die N431 Richtung Lepe/Huelva. Dann biegst du links auf die A-499 Richtung Villablanca/E-1/A-49/Sevilla/Huelva ab. Dem Straßenverlauf folgst du 45 Kilometer lang über Villablanca, San Silvestre de Guzmán und Villanueva de los Castillejos und einige Kreisverkehre. In Puebla de Guzmán biegst du links auf die HU-5401 ab und folgst der Straße 20 Kilometer. In Paymogo wird die HU 5401 zur HU 7400 und wenig später überquert man die Grenze von Spanien nach Portugal. Dann geht es für 2,6 Kilometer links auf die N392 und dann nach rechts auf die N265 Richtung Serpa. Nach 16 Kilometern folgst du nach links der IP8 bis Serpa.

Ziel & Spot 21

Serpa & Parque Natural do Vale do Guadiana
Im authentischen Hinterland ▶ **S. 152**

Optionaler Anschluss: Tour C ▶ **S. 100**

GESELLIG

Die Noche en Blanco in Ayamonte lädt zum gemütlichen Beisammensein ein

Spot 18

Lagos
Wilkommen an der Südalgarve

Im Gegensatz zum wilden westlichen Teil kann sich der Süden der Algarve um Lagos mit Attributen wie mildes Klima, charmant und zuckersüß schmücken. Auch wenn es in Lagos selbst eher touristisch-rummelig zugeht – am besten meidest du das Wochenende –, entfaltet die Landschaft ihre volle Schönheit. Kleine Buchten zwischen rostroten Felsen, die mit türkisfarbenem, spiegelglattem Wasser Badenixen glücklich machen, Palmen und Agaven wohin das Auge schaut, meist strahlend blauer Himmel und selbst im Winter milde Temperaturen.

P *an der Praia de Porto Mós, 37.085700, -8.688930*

MYSTISCH

Einmalige Lichtverhältnisse herrschen, wenn die Sonne in die Öffnung der Benagilgrotte scheint

AKTIVITÄTEN & SIGHTSEEING

1 Die Klippen entlang bis zur Praia Dona Ana

Schöner könnte eine Klippenlandschaft wirklich nicht sein: Vom **Leuchtturm** auf der Landzunge **Ponta da Piedade** geht es bis zur Praia Dona Ana entlang der rostroten verwinkelten Klippen, die dir spektakuläre Ausblicke auf das Meer und kleine versteckte Buchten bieten. Über schmale Trampelpfade, umgeben von Grün, geht es die Klippen rauf und runter. Bei Sonnenschein ist das Meer türkisblau und in der Abenddämmerung sind die Klippen durch die reflektierende Sonne einmalig schön.

Insider-Tipp **Schnäppchenjagd** *Am ersten Wochenende im Monat findet auf dem Parkplatz des Sportkomplexes ein Markt mit Kleidung, Accessoires und vielerlei Schönem statt.*

2 Auf Grottentour nach Benagil

Besser kann man die Küste der Algarve nicht entdecken: Mit einem Boot geht es entlang der Südküste von Carvoeiro mit beeindruckenden Felsformationen bis zur berühmten **Benagilgrotte.** Beim Hineinfahren ist man hier bis auf ein Lichtloch gen Himmel komplett von den Felswänden umgeben. Ein absolutes Lichtspektakel und wer mutig genug ist, kann sogar schwimmen gehen. ***Infos:*** *SeaBookings: 1 Std. Grottenfahrt p.P 25 €, genauer Treffpunkt in Lagos wird erst nach der Buchung bekannt gegeben | seabookings.com*

3 Wasserfall-Abenteuer an der Cascata Queda do Vigário

Hand aufs Herz: Wer steht nicht auf Wasserfälle? Ein Ausflug ins Hinterland von Lagos führt dich zu einer kleinen, leicht zu erreichenden Kaskade in dem **Dorf Alte.** Die Fahrt dauert zwar rund 1 Std. von Lagos, aber es lohnt sich. Vom Parkplatz am kleinen Friedhof aus brauchst du nicht länger als 10 Minuten zu Fuß bis zum Wasserfall, dessen kühles Wasser sehr erfrischt. ***Anfahrt:*** *Über die A22 bis Ausfahrt 9, auf der IC1 Richtung Lisboa/ Ourique, dann auf der N124 Richtung Messines/Alte* ***Infos:*** *Morgens oder vormittags ist es am Wasserfall leer und man kann ungestört baden*

4 Auf Angeltour

Du wolltest schon immer mal dein Abendessen selbst fischen? Dann ab aufs Boot und die Angel rein ins Meer. In dem kristallklaren Wasser der Algarve leben zahlreiche Fischarten wie Makrele, Sargo, Barsche oder Snapper. Auch ohne Angelerfahrung kannst du an der Tour teilnehmen, denn der Skipper und das Team erklären dir alles. ***Infos:*** *Treffpunkt ist bei Orada kurz vor Albufeira, der genaue Treffpunkt wird in der Buchungsbestätigung bekannt gegeben | experitour 3 Std. p.P. 35 €, Angelausrüstung und Köder sind im Preis enthalten. Eine Sportfischerlizenz muss an Board für 5€ gekauft werden | experitour.com*

REGENTAG – UND NUN?

5 Cineplace Algarve Shopping

An einem Regentag ist ein Kinobesuch genau das Richtige! Hier werden aktuelle Filme meist sogar im englischen Original mit portugiesischen Untertiteln gezeigt. Ein Film auf Portugiesisch ist das ideale Training, um die Sprache zu lernen. Es gibt sogar ein 3D-Kino und das Popcorn lässt auch keine Wünsche offen. Falls die Sprachbarriere doch zu hoch sein sollte: Das Kino befindet sich in einem riesigen Shoppingzentrum… ***Infos:*** *EN125 | Guia | Centro Comercial Algarveshopping: Ticketpreis 6 €, oder 7 €, Centro Comercial Algarveshopping: Ticketpreis montags 5 €, oder 6 € | Tel. 2 89 10 20 91 | cineplace.pt*

ESSEN & TRINKEN

6 Meu Limão Tapas & Wine

Tapas, leckerer Wein und gemütliches Ambiente! An Holztischen gibt es bei Kerzenschein Pimentos, Batatas Bravas, Garnelen und allerlei Tapasvariationen. Im Sommer kann man auf der Terrasse den Touristentrubel beobachten und bei einem Glas Vinho Verde entspannen. ***Infos:*** *Rua Silva Lopes 40 | Lagos | Mo–Sa 12.30–22.30 Uhr | Tel. 9 19 48 12 87 | meulimao.pt | €€*

7 Casa do Prego

Hier gibt es typisch portugiesische Küche in modernem Ambiente. Auf der Karte stehen vor allem Fisch- und Fleischgerichte, die schön angerichtet präsentiert werden und superfrisch schmecken: unter Garantie alles selbst gemacht. ***Infos:*** *Rua Lançarote de Freitas 18 | Lagos | Mo–Sa 13–23 Uhr | Tel. 9 13 50 50 38 | €€*

8 Coffee & Waves

Von außen unscheinbar an einer kleinen Straßenecke gelegen, offenbart das Café ein hippes Innenleben mit coolen Wandillustrationen, trendigen Möbeln und einem Surfbrettverkauf. Serviert werden moderne Kaffeekreationen und eine bunte Auswahl an gesunden Snacks und Smoothies. ***Infos:*** *Travessa do Cotovelo 10 | Lagos | Di–Fr 9–16, Sa/So 9–15 Uhr | Tel. 2 82 18 46 24 | €€ | Instagram: coffee.waves*

EINKAUFEN

9 Hippiemarkt Barão de São João

Es scheint, als würde ihn jeder an der Algarve kennen: Der Hippiemarkt im Hinterland ist ein beliebter Treffpunkt von Secondhandfans und Bullireisenden. Einmal im Monat werden Bullis zu Verkaufstresen, aus denen selbst gemachte Traumfänger, gestrickte Mützen und handgefertigte Kunstwerke verkauft werden. Außerdem gibt es leckeres Essen, die ein oder andere Bowle und nette Gesellschaft. ***Infos:*** *Jeden vierten Sonntag im Monat*

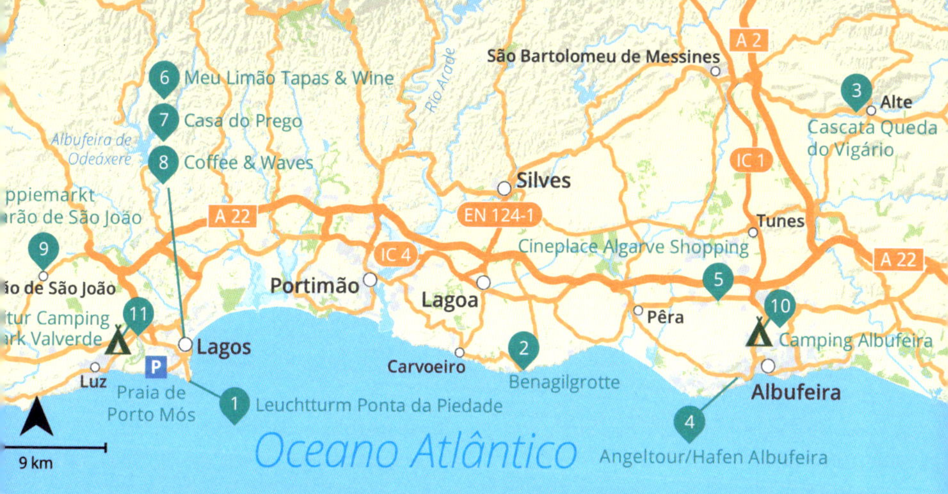

STELL- & CAMPINGPLÄTZE

10 Der Campingplatz mit Wellnessbereich

1,5 km vom Fischerdorf und dem Stadtzentrum von Albufeira entfernt liegt der große und beliebte Campingplatz. Er ist mit allem ausgestattet, was das Camperherz höherschlagen lässt und den Urlaub im Wohnmobil vereinfacht: Es gibt drei Schwimmbäder, eine Schwimmbadbar, ein Restaurant, verschiedene Bars, einen Supermarkt und eine Wäscherei. Außerdem gibt es einen Spa, Tennisplätze und eine Fahrrad- sowie Autovermietung. Der Platz selbst ist teils, schattig teils sonnig gelegen und die einzelnen Parzellen sind klar voneinander abgrenzt. Die sanitären Anlagen sind sauber und das Personal selbst in der stressigen Hochsaison immer freundlich und hilfsbereit.

Camping Albufeira

€€ | Estrada de Ferreiras N395 | 8200-555 Albufeira
Tel. 2 89 58 76 30 | campingalbufeira.pt
GPS: 37.1062786, -8.2538419

▶ **Größe:** *200 Stellplätze*

11 Zwischen Meer und Stadt

Der große, schön begrünte Platz befindet sich idealerweise rund 1,5 Kilometer vom schönen Strand Praia da Luz und rund 6 Kilometer von Lagos entfernt. Das weitgefächerte Angebot reicht von einem Restaurant, einer Camperstation, einem TV-Raum und einem Supermarkt bis hin zu einer Wäscherei und Snackbar. Der große Pool verspricht ungetrübte Badefreuden. Der Campingplatz ist zwar nicht der modernste, aber die sanitären Anlagen sind frisch renoviert und sauber.

Orbitur Camping Park Valverde

€€ | Estrada da Praia da Luz | 8600-148 Lagos
Tel. 2 82 78 92 11 | orbitur.pt
GPS: 37.1000555, -8.7180376

▶ **Größe:** *600 Stellplätze*

Faro
Stadtfeeling unter Palmen

Faro – das ist die grandiose Kombination aus Stadtleben und südländischer Natur. Ob Kulturprogramm in der historischen Altstadt, wilde Partynächte im Club, hervorragendes Essen in schönem Ambiente oder Sandstrand mit aradiesischer Anmutung, diese Stadt hat all-inclusive-Charakter. Nicht zu vergessen: Es gibt Palmen ohne Ende und das ist immer ein gutes Zeichen, oder?

P *Largo de São Francisco, 37.011700, -7.931780*

KUNSTVOLL

Stolz reckt die barocke Igreja do Carmo in Faro ihre Türme gen Himmel

AKTIVITÄTEN & SIGHTSEEING

1 Durch die Altstadt schlendern

In die wunderschöne historische Altstadt gelangst du durch ein **Stadttor**, das noch Überbleibsel der ehemaligen Stadtmauer ist. Startpunkt ist die prächtige Barockkirche **Igreja do Carmo**. Von dort aus kannst du dich einfach durch die engen, mit weißen Fliesen gekachelten Gassen treiben lassen und dir viel Zeit zum Genießen nehmen.

2 Ab auf die Ilha Deserta

Ein Paradies für Naturliebhaber und Badefans! Die Ilha Deserta gehört zum **Parque Natural Ria Formosa**. Viele Jahre lag die wüstenähnliche Insel unberührt, sodass noch heute artenreiche Flora und Fauna beheimatet ist. ***Infos:** Ria Formosa Boat Tours | Faro | Rua Cmte Francisco Manuel 41, Mo–So 10–17.30 Uhr | Animaris Ilha Deserta: z.B. Hop On Hop Off Island Tour p.P. 30 € | Tel. 9 18 77 91 55 | ilhadeserta.com*

3 Auf Tauchkurs

Komm mit auf eine Bootstour zu den besten Schnorchelspots an der Südküste. Tauche ab und staune über die vielen bunten Fischarten und eine einzigartige Unterwasserwelt. Erfahrene Taucher sind als Guide mit an Bord und geben dir nützliche Tipps. ***Infos:** SeaBookings 2,5 h 25 €, der genaue Treffpunkt wird mit der Buchungsbestätigung bekannt gegeben | seaboo kings.com*

Mit dem Stand Up Paddle durch den Hafen von Faro raus aufs Meer zu paddeln, das geht mit einer Tour bei Algarve SUP.

4 Relaxen an der Praia do Almargem

Ein langer weißer Sandstrand mit türkisblauem Wasser und einer beeindruckenden Klippenlandschaft aus rostroten Felsformationen bietet das perfekte Setting für einen ausgiebigen Strandtag inklusive Sonnenbaden und Planschen in den wohltemperierten Fluten. Einfach mal nur entspannen.

REGENTAG – UND NUN?

5 Fußball im Estádio Algarve

Fußball und Portugal, das gehört einfach zusammen! Sei live dabei, wenn die Landsleute um den Sieg kämpfen und atme die enthusiastische Stimmung im Estádio Algarve ein. Das Stadion wurde 2004 im Zuge der Europameisterschaft gebaut, fasst 30.000 Menschen. Es finden regelmäßig Fußballspiele statt, also nichts wie rein ins Stadion und mitgrölen. ***Anfahrt:** über die IC4, 11 km, ca. 15 Fahrminuten von Faro **Infos:** stadiumguide.com | Tickets online unter footballticket net.com/estadio-algarve-football buchen*

ESSEN & TRINKEN

6 À do Pinto

Das Restaurant ist klein, modern und supergemütlich. An den urigen Holztischen gibt es vor allem eins: Fisch und Meeresfrüchte ohne Ende! Das Leben könnte bei einem Glas Wein und einer Runde Garnelen nicht besser sein. ***Infos:*** *Travessa Rebelo da Silva 13 | Faro | Mo–Fr 12–23 Uhr | Tel. 9 11 94 44 84 | a-do-pinto.negocio.site/ | €€€*

7 Papaya

So viel gesunde Küche für so kleines Geld, ob glutenfrei, vegetarisch oder vegan. Serviert wird von belegten Sandwiches über köstliche Kuchen bis zu vollwertigen Mahlzeiten. ***Infos:*** *Rua 1 de Maio 9 | Faro | tgl. 9–19.30 Uhr | Tel. 2 89 09 72 52 | € | Facebook: papaya*

8 31 Bistro Vinho & Ca.

Klein, aber fein: Auf der Karte stehen moderne und klassische mediterrane Küche sowie Tapas – garantiert ist alles frisch und selbst zubereitet. Auch die Weinkarte lässt keine Wünsche offen. ***Infos:*** *Rua do Montepio 24 | Faro | Mo–Fr 12.30–14.30 u. 18.30–23.30, Sa 18.30–22.30 Uhr | Tel. 9 15 80 92 66 | €€ | Facebook: 31-Bistro-Vinho-Ca*

EINKAUFEN

9 Canastra

Noch auf der Suche nach dem passenden Mitbringsel? Dann ist ein Besuch in dem kleinen Laden ein Muss! Hier gibt es lokale Spezialitäten und Leckereien – alles regional und mit Liebe ausgewählt. Genau wie die Korbtaschen, in denen man alles gleich verstauen kann und die sich perfekt für den Strand eignen.

CAMPINGTAUGLICH

Die leichten mediterranen Mittagssnacks kannst du auch in der Camperküche schnell zubereiten

Infos: *Rua do Pé da Cruz 59 | Estoi | Mo 15.30–19.30, Di–Fr 10.30–13.30 u. 15.30–19, So 10.30–19.30 Uhr | Tel. 9 64 09 53 74 | Facebook: canastraestoi*

STELL- & CAMPINGPLÄTZE

10 Camping am Strand

Der Campingplatz liegt direkt an einem langen paradiesischen Sandstrand – die Lage ist wirklich einmalig. Türkisblaues Wasser direkt vor der Tür und Strandfeeling pur! Der Platz ist zwar nicht der neueste, aber dennoch gut gepflegt und sauber. In der Nachbarschaft gibt es Cafés und Restaurants. Für alle, die Strand, Natur und Entspannung suchen, ist der Campingplatz auf jeden Fall die richtige Wahl. Nach Faro sind es rund 30 Fahrminuten.

Parque de Campismo da Fuseta

€€ | Rua Gen. Humberto Delgado | 8700-011 Fuseta
Tel. 2 89 79 34 59 | uf-moncarapacho-fuseta.pt
GPS: 37.052777, -7.745079

▶ **Größe:** *100 Stellplätze*

11 Entspannt im großen Pool planschen

Der 10 Hektar große Platz liegt in unmittelbarer Nähe zur Stadt Olhão und rund 18 Fahrminuten von Faro entfernt. Die zahlreichen Pinien und Kiefern spenden auch ausreichend Schatten und sind die ideale Befestigungsmöglichkeit für Hängematten oder Wäscheleinen. Ein kleiner Supermarkt, Restaurant, Snackbar, Waschmaschinen, TV-Raum und sogar zwei Tennisplätze sind vorhanden. Der große Pool macht das Manko wett, dass die Strände etwas weiter entfernt liegen. Die sanitären Anlagen sind sauber und gepflegt, wenn auch nicht die modernsten. Im Sommer kann es auf dem Campingplatz zwar ganz schön voll werden, was sich durch die Größe allerdings nicht so bemerkbar macht.

Camping Olhão 

€€ | Pinheiros de Marim | 8700-225 Olhão
Tel. 2 89 70 03 00
pincamp.de/campingplaetze/camping-olhao
GPS: 37.0351343, -7.8224430

▶ **Größe:** *600 Stellplätze*

Spot 20

Tavira
Die entspannte Ostalgarve

Im Osten der Algarve versteckt sich, fast unbemerkt von der touristischen Erkundungsgier, ein kleiner Schatz: die Stadt Tavira, die auch gerne als das Venedig Portugals bezeichnet wird. Der charmante Mix aus portugiesischer Kultur und Lebensart sowie die zahlreichen, atemberaubend schönen Strände bescheren dir traumhafte Urlaubstage. Ein Highlight ist auf jeden Fall die Ilha de Tavira, eine kleine vorgelagerte Insel, die für Kitesurfer und Badefans gleichermaßen ein absolutes Paradies auf Erden bedeutet.

P *Rua João Vaz Corte Real 68–100, 37.128601, -7.652280*

VERZAUBERT

Frühling pur erlebst du auf einer Wanderung an der Ostalgarve zur Mandelblütenzeit

AKTIVITÄTEN & SIGHTSEEING

1 Einmal um die historische Altstadt

Vom **Praça da República** geht es durch die historische Altstadt die Straße hoch bis zum **Jardim do Coreto** mit wunderbarem Blick auf den Gilão-Fluss. Über die Brücke **Ponte Velha** schlenderst du am Flussufer entlang bis zur **Ponte Romana** und zurück zum Praça da República.

2 Hoch hinaus zum Castelo de Tavira

Das Schloss liegt am höchsten Punkt der Stadt und bietet dir einen herrlichen Blick auf Tavira und den angrenzenden Nationalpark. Wie wäre es mit einem Panoramapicknick mit leckerem Proviant? Trotz teilweiser Zerstörung ist das Gemäuer noch gut erhalten. ***Infos:*** *Largo Abu-Otmane | Tavira | Mo–Fr 8–17 u. Sa/So 10–19 Uhr | freier Eintritt*

3 Tropical feeling am Pego do Inferno

Der Wasserfall bietet die ideale Abkühlungsmöglichkeit inmitten herrlich grüner Umgebung. Der Weg dorthin ist ohne Google Maps allerdings nicht so leicht zu finden, vom Parkplatz steigt ein Trampelpfad bergan und es gibt einen Wegweiser. ***Anfahrt:*** *8,5 km, 14 Fahrmin. über N125 und R. de Sta Margarida, kurz vor der Autobahn rechts abbiegen* ***Infos:*** *Estrada EN514-2, Santo Estevao | Tavira* ***Parkplätze:*** *37.1558891, -7.6981641*

Insider-Tipp
Blütenspektakel

Ab März entfalten die Mandelbäume ihre rosa-weißen Blüten und verwandeln die Region in ein Blütenmeer.

4 Never ending Sandstrand – Praia do Barril

Sand und Meer soweit das Auge reicht – ein Paradies für Badenixen und Naturfans. Nette Strandbars versorgen dich mit dem perfekten Cocktail zur Sommer-Sonnenlaune. Um etwas von der **Ilha de Tavira** zu sehen, schwingst du dich am besten in die Schmalspurbahn Pedras d'El Rei, die hinter dem Strand entlangfährt und auch das Festland mit der Insel verbindet. ***Parkplätze:*** *EM1347 64A, Santa Luzia, 37.092619,-7.6760948*

REGENTAG – UND NUN?

5 Tavira Camera Obscura

Fast jeder erinnert sich an die Camera Obscura, die man in der Schule selbst gebastelt hat. Hier steht ein Exemplar im Riesenformat. Mit einem Aufzug fährst du direkt in das Innere der Kamera, bekommst praktische Informationen zur Funktionsweise und kannst selbst durch die Kamera auf Tavira schauen. Eine ziemliche coole Idee und ein außergewöhnlicher Ausflug. ***Infos:*** *Calçada da Galeria 12 | Tavira | Mo–Fr 11–15 Uhr | Eintritt 5 € | Tel. 2 81 32 25 27*

ESSEN & TRINKEN

6 Come na Gaveta

Ob im modernen Innenraum mit Holztischen und Lederstühlen oder auf der gemütlichen Terrasse, in der Gastrobar steht Genießen an erster Stelle. Auf der Karte stehen Tapas und lokale Gerichte, die wunderschön angerichtet auf bunten Tellern serviert werden. ***Infos:*** *Avenida Dr. Mateus Teixeira de Azevedo 36 | Tavira | tgl. 12.30–15 u. 19–22.30 Uhr | Tel. 9 26 67 78 79 | comenagaveta.pt | €€*

7 The Food Factory

Das kleine Restaurant in verspielt romantischem Look serviert gesunde, vegane und vegetarische Küche. Neben dem ganzen Superfood gibt es auch simple Pasta, Pommes & Co. ***Infos:*** *Rua Alm. Cândido dos Reis 203 | Tavira | Mo–Sa 18–22 Uhr | Tel. 2 81 32 53 32 | €€€ | Facebook: The-Food-Factory*

8 Rota dos Sabores

In gediegener Atmosphäre wird hier simple, aber ausgezeichnete portugiesische Küche serviert. Ob ein schönes Stück Fleisch, frischer Fisch oder herrliche Suppe, auf der Karte findet garantiert jeder etwas. ***Infos:*** *Largo Engenheiro Sebastião Ramires 16A | Conceição | tgl. 18.30–22.30 Uhr | Tel. 9 17 81 39 28 | thefork.pt | €€*

EINKAUFEN

9 Mercado da Ribeira

Diese besondere Markthalle von 1887 hat trotz Modernisierung ihre schöne Außenfassade behalten. Geschichte meets feine Leckereien, frisches Obst und Gemüse, Fleisch und Fisch. Nach dem Einkauf kannst du ein Eis oder einen Kaffee in den umliegenden Cafés genießen und den Trubel

KEIN ENDE IN SICHT

Die unendlichen Weiten der Ilha de Tavira kannst du mit einer Schmalspurbahn erkunden

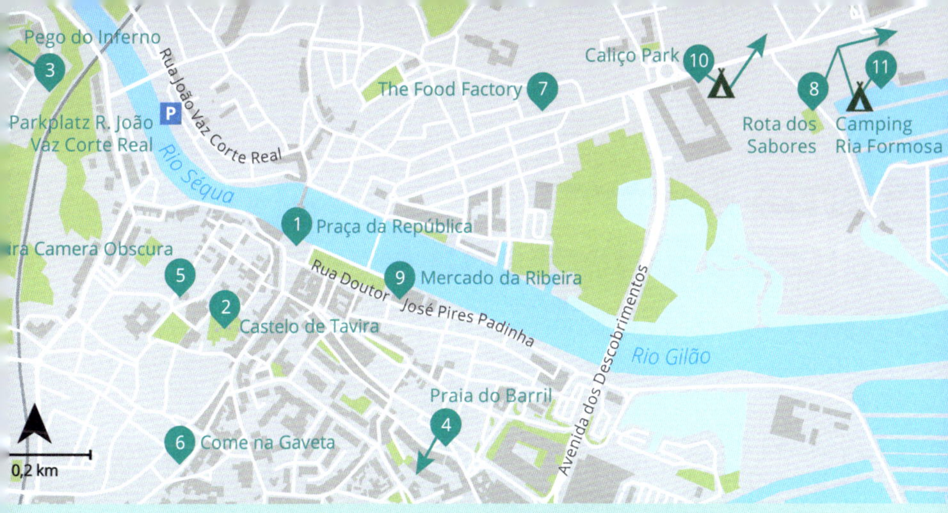

beobachten. ***Infos:*** *Largo José Pires Padinha 60 | Tavira | Do–Di 10–22.30 Uhr*

STELL- & CAMPINGPLÄTZE

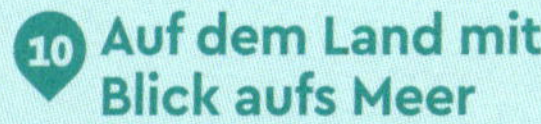

10 Auf dem Land mit Blick aufs Meer

Der schöne Platz befindet sich in Vila Nova de Cacela, rund 12 Fahrminuten von Tavira entfernt. Es gibt einige Schattenzonen und einen herrlichen Blick auf das Umland. Der nächste Strand liegt allerdings rund 20 Fahrminuten entfernt, sodass der große Swimmingpool gerade recht daherkommt. Zur weiteren Ausstattung zählen eine Bar, ein Restaurant, ein Mini-Markt, ein Waschsalon und kostenloser Internetzugang an der Rezeption. Die sanitären Anlagen sind sauber und gepflegt. Die Stellplätze liegen auf Schotter und sind nur durch wenig Grün vom Nachbarn abgegrenzt.

Caliço Park

€€ | Apartado 51 | 8901-907 Vila Nova de Cacela
Tel. 2 81 95 11 95 | calico-park.com
GPS: 37.2086289, -7.5485774

▸ **Größe:** *30 Stellplätze*

11 Campen mit netter Nachbarschaft

Hier kommst du definitiv schnell ins Gespräch mit deinen Nachbarn, die Stellplätze befinden sich auf geteertem Boden, liegen dicht an dicht und sind nicht voneinander abgegrenzt. Dennoch geht es ruhig und entspannt zu. Pool, ein kleiner Supermarkt, ein Fitnessstudio, BBQ-Plätze und ein Restaurant tragen zum Wohlbefinden bei. Wem das nicht ausreicht, der findet in der Nachbarschaft weitere Restaurants und Cafés. Zum nächsten Strand sind es nur wenige Gehminuten einmal die Straße hinunter und rund acht Fahrminuten bis Tavira.

Camping Ria Formosa 

€€ | Lda. Quinta da Gomeira – Cabanas de Tavira | 8800-058 Tavira
Tel. 2 81 32 88 87 | campingriaformosa.com
GPS: 37.1442643, -7.6010625

▸ **Größe:** *350 Stellplätze*

Serpa & Parque Natural do Vale do Guadiana
Im authentischen Hinterland

In die verschlafene Stadt Serpa im Hinterland der Algarve verirren sich nur wenige Touristen, weshalb hier noch echtes portugiesisches Lebensgefühl geatmet werden kann. Der historische Stadtkern ist noch sehr gut erhalten, aber nicht nur Stadt- und Kulturfans kommen auf ihre Kosten. Der angrenzende Nationalpark ist ein riesiger Spielplatz für Outdoorfans!

P *R. Serpa Pinto 32, 37.9468936, -7.5962396*

NATUR PUR

Der Pulo do Lobo im Naturpark Vale do Guadiana ist ein lohnendes Ausflugsziel

AKTIVITÄTEN & SIGHTSEEING

1 Spaziergang zum Castelo de Serpa

Kleine Gassen mit charmanten Häuschen führen dich zu der großen mittelalterlichen Burg hinauf, deren kleines Museum die Geschichte präsentiert. Du kannst über die Burgmauern schlendern und das Panorama aus jeder Perspektive genießen. ***Infos:*** *Largo dos Santos Próculo e Hilarião | Serpa | Di–So 9–17.30 Uhr | Eintritt frei*

2 Die perfekte Kulisse um das Aqueduto de Serpa

Bei einer Tour durch die historische Innenstadt darf das in die Stadtmauer integrierte Aquädukt aus dem 11. Jahrhundert nicht fehlen. Auch das Pumpenhaus aus dem 17. Jahrhundert kann besichtigt werden. Die hohen Mauern sind auf jeden Fall ganz schön beeindruckend und perfekt für ein tolles Erinnerungsfoto. ***Infos:*** *Rua do Arcos 17 | Serpa*

Insider-Tipp
Abseits der Touristenpfade

Echte Locals der Initiative „Serpa Lovers" nehmen dich auf lohnenswerte Insidertouren mit.

3 Entlang dem Pulo do Lobo

Raus geht's in die Natur! Tosend rollt der Rio Guadiana zwischen den Gesteinsformationen den Berg hinab in den kleinen See. Mit dem richtigen Schuhwerk und ein wenig Mut kannst du über Felsen springen und dem Flusslauf folgen. ***Anfahrt:*** *über N391 und IC27, bei N123 links abbiegen Richtung C.te Gafo* ***Infos:*** *1 Std. 16 Min., 80,6 km* ***Parkplätze:*** *Schotterparkplatz vorhanden*

4 Wandern im Parque Natural do Vale do Guadiana

Wanderschuhe an und auf geht's durch den riesigen Nationalpark Vale do Guadiana mit seiner üppigen Flora und Fauna. Mit etwas Glück kannst du Störche, Luchse oder Adler beobachten. Im Sommer empfiehlt sich eine Strecke entlang dem Rio Guadiana einzuschlagen, denn die Region gehört zu einer der heißesten in Portugal. Im Laden der **Initiative Serpa Lovers** kannst du dich mit Proviant aus regionalen Leckereien eindecken. ***Infos:*** *Rua das Portas de Beja 2 | Serpa | wiportugal.org/Wanderungen/Mertola/Wander-MertolaEN.html | Verschiedenste Trails mit allen nötigen Informationen zum Ausdrucken*

EINKAUFEN

5 Casa de Artesanato de Serpa

Ideal zum Souvenirshoppen: von handbemaltem Geschirr über kleine Holzfiguren bis hin zu Seifen, Ölen und Co. Alles stammt aus Portugal und erinnert auf eine schöne Art und Weise an eine längst vergangene Zeit. ***Infos:*** *Rua dos Cavalos 33 | Serpa | tgl. 9–13 Uhr u. 14–19 Uhr | Tel. 9 68 10 01 50 | Facebook: Casadeartesanato*

ESSEN & TRINKEN

6 O Alentejano

In dem traditionellen Restaurant ist besonders das überbackene Lammfilet beliebt, aber auch alle anderen Gerichte mit saftigem Fleisch und knackigem Gemüse schmecken nach ehrlicher portugiesischer Hausmannskost. ***Infos:*** *Praça da República 6 | Serpa | Di–Sa 12–22.30, So 12–3 Uhr | Tel. 2 84 54 43 35 | €€ | Facebook: AlentejanoSerpa*

7 Adega Molhó Bico

Hier geht es klassisch portugiesisch ohne modernen Firlefanz zu: frischer Fisch, leckeres Fleisch und zum Abschluss ein süßes Dessert. Auch die Weinauswahl kann sich sehen lassen. ***Infos:*** *Rua Quente 1 | Serpa | Di 12–15, Do–Mo 12–15 u. 19–22 Uhr | Tel. 2 84 54 92 64 | €€€ | Facebook:Adega-Molho-Bico*

8 Jardim Lounge

Mitten im Park von Serpa kannst du auf einer großen Terrasse klassische Sandwiches, verschiedene Toasts, süße Leckereien und Kaffee ohne Ende verdrücken. Genau das Richtige für eine kurze Verschnaufpause. ***Infos:*** *Alameda Abade Correira da Serra | Serpa | tgl. 8–12 Uhr | Tel. 9 62 95 06 85 | jardim-lounge.business.site/ | €*

AUSGEHEN

9 Fuel Bar

In der kleinen und sehr beliebten Bar geht es nachts heiß her, es wird gefeiert, getrunken und getanzt, was das

DURCHATMEN

... und nach dem Outdoorausflug relaxt man im Camper unter Pinien

Zeug hält. Hier treffen sich alle Partyfans der Stadt zum Abgrooven bis in die späten Morgenstunden. ***Infos:*** *Travessa do Forto 2 | Serpa | Do, Fr, Sa u. So 22–10 Uhr | Tel. 9 20 59 32 93 | €€ | Facebook: Fuel-Bar*

STELL- & CAMPINGPLÄTZE

10 Zu Fuß in die Stadt

In bester Lage am Stadtrand und ideal für einen Stadtbesuch bietet der Campingplatz Raum für 208 Personen. Selbst für den Einkauf im Supermarkt muss der Camper nicht bewegt werden. Die zentrale Lage macht ein großes Zusatzangebot wie z. B. einen eigenen Supermarkt überflüssig. Der vorhandene Pool ist an heißen Sommertagen Luxus. Zum Teil wurde bereits modernisiert und eine weitere Modernisierung steht vor der Tür. Die Stimmung ist relaxt und familiär.

Camping Municipal de Serpa

€€ | R. do Parque de Campismo | 7830-437 Serpa
Tel. 2 84 54 01 93 | cm-serpa.pt
GPS: 37.9413094, -7.6037350

▸ **Größe:** *30 Stellplätze*

11 Simpel, aber gut

In der entspannten Nachbarstadt von Serpa befindet sich der Campingplatz Castro Verde ebenso am Stadtrand. Der Platz hat eine Kapazität für 400 Personen, die einzelnen Wohnmobil-Stellplätze ähneln einem Parkplatz, sind klar voneinander abgegrenzt und befinden sich auf geteertem Boden. Direkt neben dem Campingplatz kannst du das Schwimmbad, die Sportanlage und den Tennisplatz nutzen. Die Sanitäranlagen sind gepflegt, sauber und das Personal ist sehr freundlich.

Castro Verde Camping

€€ | R. Timor Lorosae 10 | 7780-207 Castro Verde
Tel. 2 86 32 01 50 | cm-castroverde.pt
GPS: 37.7050795, -8.0878328

▸ **Größe:** *35 Stellplätze*

Planen – Packen – Losfahren

Anreise

Die Reise nach Portugal auf vier Rädern ist wahrlich eine Reise, denn es dauert rund zwei bis drei Tage, bis man das Ziel erreicht hat. Natürlich kann man sich auch mehr Zeit lassen und einen längeren Roadtrip planen, denn schließlich geht es durch Frankreich, entlang der Atlantikküste und einmal quer durch die weite Prärie Spaniens oder entlang der kantabrischen und galizischen Küste. Wer also Zeit genug hat, der sollte sich das nicht entgehen lassen. Außerdem gibt es die Option, auf Straßen mit oder – geldbeutelschonend – ohne Maut zu fahren, was natürlich etwas länger dauert. Es liegt also am Gemütszustand, dem Zeit- bzw. Geldbudget der Reisenden, die individuell passende Strecke zu wählen!

STRECKENCHECK

Köln – Paris – Bordeaux – Zarautz – Vitoria-Gasteiz – Valladolid – Salamanca (Guarda) – Portugal

Entfernung
1.921 km
Reine Fahrzeit
ca. 20 Std.

Kosten
ca. 200 € Maut

Köln – Reims – Vierzon – Angoulême – Bordeaux – San Sebastian – Vitoria-Gasteiz – Valladolid – Salamanca (Guarda) – Portugal

Entfernung
1.948 km
Reine Fahrzeit
ca. 23 Std.

Kosten
keine Mautgebühren

Köln – Paris – Bordeaux – San Vicente de la Barquera – Gijón – A Coruña – Santiago de Compostela – Viana do Castelo (Portugal)

Entfernung
2.199 km
Reine Fahrzeit
ca. 23 Std.

Kosten
ca. 200 € Maut

GB-NIR
Belfast
Newcastle upon Tyne
DK
North Sea
Ireland
Dublin
Manchester
Great Britain
Bremen
Amsterdam
NL
Cardiff
London
Bruxelles-Brussel
BE
Köln
Calais
Namur
Deutschland
1
Luxembourg
Reims
Paris
Strasbourg
Rennes
Atlantic Ocean
Orléans
2
3
Dijon
Vierzon
Bern
Poitiers
CH
Angoulême
Lyon
Bay of Biscay
Torino
IT
Bordeaux
France
Monaco
Toulouse
Santander
3
A Coruña
Gijón
San Sebastian
Marseille
Santiago de Compostela
Vitoria-Gasteiz
Vigo
Burgos
AD
1
FR
la Corse
Zaragoza
iana do Castelo
Valladolid
Barcelona
2
Guarda
Madrid
IT
Sardegna
Portugal
València
ES
Mallorca
España
Lisboa
Mediterranean Sea
Sevilla
Annaba
Algier
Málaga
Tanger
Algeria
200 km
Morocco
TUN

KÖLN – PARIS – BORDEAUX – ZARAUTZ – VITORIA-GASTEIZ – VALLADOLID – SALAMANCA (GUARDA) – PORTUGAL

Die Reise startet in Köln und es geht über die Autobahn A4 nach Aachen und über die Grenze nach Belgien.

Die Route führt über die E40 und die E42 über Namur und an Charleroi vorbei. Hinter Charleroi biegst du kurz vor der Stadt Mons auf die E19 ab und in Valenciennes auf die A2. Rund um Valenciennes kann es bedingt durch Bauarbeiten zu etwas Stau kommen, der sich in der Regel aber nur über wenige Kilometer zieht. 180 Kilometer später fährt man auf die A3/E15 Richtung Bordeaux/Nantes-Lyon/Marne-la-Vallée/Sarcelles/Paris-Est/Bobigny/Garonor ab. Nun bist du kurz vor Paris. Hier solltest du wegen des zunehmenden Verkehrs und der Richtungsschilder sehr wachsam sein. 17 Kilometer später fährst du auf der linken Spur Richtung Vers/A4/A6/A10/Porte de Montreuil/Périphérique Sud/Aéroport Orly. Nach weiteren 7,8 Kilometern hast du den Weg um die Hauptstadt und damit den anstrengendsten Teil der Strecke schon fast bewältigt.

Halte dich nun Richtung A10/Bordeaux/Nantes/Lyon/Évry/Aéroport Orly-Rungis und folge dem Straßenverlauf für 9,6 Kilometer. Weiterhin hältst du dich an die Schilder Richtung A10/E5/Palaiseau/Étampes/Bordeaux-Nantes/Massy/Longjumeau. Die nächsten 200 Kilometer geht es über die A10 und vorbei an Orléans und Tours bis zum Tagesziel nach Portiers. Nach rund acht Stunden Fahrt hast du eine Nacht lang eine Pause verdient.

Auf dem Campingplatz **Camping Le Futuriste** *(Rue du Château, 86 130 St-Georges les Baillargeaux, Tel. +33 5 49 52 47 52, camping-le-futuriste.fr/, 46.664127, 0.395286)* kurz vor Portiers kannst du übernachten. Am nächsten Morgen geht es weiter nach Süden auf die Autobahn A10 Richtung Bordeaux. Dem Straßenverlauf folgst du 232 Kilometer und nimmst Ausfahrt 1 auf die N230 Richtung Bordeaux. Du überquerst den Fluss Garonne, fährst durch die Stadt und über die A630/E70 weiter gen Süden Richtung E5/Bayonne/Bassin d'Arcachon. Nach 5 Kilometern geht es rechts auf die A63, der du 181 Kilometer bis zur spanischen Grenze folgst. Im spanischen Baskenland passierst du San Sebastian und Zarautz. Hinter Zarautz biegst du auf die AP-8 ab und schlängelst dich durch die Ausläufer der Pyrenäen – eine ganz schön kurvige Angelegenheit! Außerdem regnet es im Baskenland gerne mal oder Nebel taucht aus dem Nichts auf, daher gilt hier besondere Vorsicht. Nach 31 Kilometern nähert sich die Schlängelpartie ihrem Ende und du nimmst über die Ausfahrt 69 den Weg auf die AP- 1. Dem Straßenverlauf folgend fährst du an Vitoria-Gasteiz und Burgos vorbei. Hinter Burgos geht es auf die A-62 bis zum zweiten Etappenziel, dem Campingplatz **Camping Cubillas** kurz vor Valladolid *(Autovía de Castilla, 102, 47290 Cubillas de Santa Marta, Valladolid, Tel. +34 9 83 58 50*

02, *campingcubillas.com, 41.805032, -4.587727)*. Gut ausgeruht setzt du am nächsten Morgen den Weg Richtung Portugal fort.

Nun fehlen nur noch rund 270 Kilometer bis zur portugiesischen Grenze. Rund 200 Kilometer geht es über die A62 vorbei an Salamanca und Ciudad Rogrido bis zur spanisch-portugiesischen Grenze. Im Grenzgebiet fährst du durch eine kleine Stadt, in der du dich an das Tempolimit halten solltest. Falls du tanken musst oder Öl für den Camper brauchst, erledige dies aus Kostengründen am besten hier. Bevor du in Portugal auf die Autobahn fährst, denk daran, deine Kreditkarte für die Maut zu hinterlegen. Folge dafür einfach der guten Beschilderung. Nun geht es auf die A25 Richtung Guarda, die erste größere Stadt hinter der Grenze. Nach 35 Kilometern bist du da! Willkommen in Portugal! *Bem Vindo!*

2 KÖLN – REIMS – VIERZON – ANGOULÊME – BORDEAUX – SAN SEBASTIAN – VITORIA-GASTEIZ – VALLADOLID – SALAMANCA (GUARDA) – PORTUGAL

Die Reise startet in Köln und es gilt, soweit wie möglich mautfrei nach Portugal zu reisen! Dadurch sparst du rund 200 €, musst allerdings 2–3 Stunden länger fahren. Zunächst geht es auf die Autobahn A4 und über Aachen bis nach Belgien. Hinter der Grenze lenkst du den Camper auf die E40 und die E42 vorbei an Verviers. Nach 10 Kilometern nimmst du die Ausfahrt 7 und fährst auf die N657 Richtung Aéroport Laboru/Theux. Du folgst der N657 für 4 Kilometer bis zu einem Kreisverkehr, den du an der zweiten Ausfahrt Richtung N62 verlässt. Bleibe für 5,9 Kilometer auf der N62, bis du auf die N678 gelangst und nach weiteren wenigen Kilometern auf die E25 kommst. Der E25 folgst du 83 Kilometer. Danach geht es weiter auf die E411 Richtung Bruxelles/Namur. Nach 14 Kilometern fährst du auf die N89 Richtung Reims auf. Hinter der belgisch-französischen Grenze wird die N89 automatisch zur N58. 24 Kilometer später geht es zunächst auf die E46 Richtung Reims, nach weiteren 11 Kilometern auf die A34/E46 weiterhin Richtung Reims.

Hinter Reims fährst du auf die D9, hinter Chouilly wiederum auf die D40A und wenige Kilometer später auf die D951. Nun geht es auf der D951 über zahlreiche kleine Dörfer. Hinter dem Dorf Nogent-sur-Seine folgst du der D919 Richtung Seins und im weiteren Verlauf der D619 wieder auf die D951 Richtung A5/Paris. Nicht wundern, die D951 wird automatisch zur D411 kurz hinter Courceroy. Am nächsten Kreisverkehr geht es auf die D412/D976. Hinter der Stadt Pont-sur-Yonne befährst du die D82 bis zum Dorf Saint-Sérotin und dann weiter auf die D70. Nun führt die Strecke über die Dörfer Villeroy und Chuelles, über die Städte Sens und Vierzon. Hinter Vierzon geht es auf die A20/E90 Richtung Limoges/Blois/Tours. 137 Kilometer später nimmst du die Ausfahrt 23 und fährst auf die N145 und 27 Kilometer später auf die N147. Du folgst den Schildern Richtung Angoulême bis zum Campingplatz **Camping du plan d'eau** kurz vor Angoulême *(1 Rue du Camping, 16710 Saint-Yrieix-sur-Charente, Tel. +33 5 45 92 14 64, camping-angouleme.fr, 45.691430, 0.145185)*, wo du dein Nachtlager aufschlägst.

Und weiter geht's Richtung Süden! Über die E606/N10 fährst du bis nach Bordeaux, danach über die A63 und die D810 bis hinter die spanische Grenze ins Baskenland. Hinter San Sebastian fährst du auf die A-1 und folgst dem schlängeligen Straßenverlauf an Vitoria-Gasteiz vorbei. Die Straße verläuft langsam weniger kurvig. Hinter Vitoria-Gasteiz geht es auf die Autobahn AP-1. Ab hier entfällt die Maut bis Portugal und du kannst die Autobahn nutzen. Hinter Burgos gelangst du über die A-62 zum zweiten Etappenziel, dem Campingplatz **Camping Cubillas** (S. 160) nach Valladolid.

Gut ausgeruht nimmst du den Weg Richtung Portugal wieder auf und fährst für 200 Kilometer über die Autobahn A62 vorbei an Salamanca und Ciudad Rogrido bis zur spanisch-portugiesischen Grenze. Im Grenzgebiet durchfährst du die kleine Stadt Fuentes de Oñoro, in der du dich unbedingt an das Tempolimit halten solltest. Tanken und Öl nachfüllen ist hier besonders günstig. Über A25 erreichst du nach 35 Kilometern Guarda, die erste größere portugiesische Stadt hinter der Grenze. Willkommen in Portugal! *Bem Vindo!*

KÖLN – PARIS – BORDEAUX – SAN VICENTE DE LA BARQUERA – GIJÓN – A CORUÑA – SANTIAGO DE COMPOSTELA – VIANA DO CASTELO (PORTUGAL)

Der erste Teil der Strecke von Köln bis Bordeaux ist identisch mit dem von Strecke 1 (S.160). Ab Bordeaux steigst du dann in dieser Beschreibung für den weiteren Verlauf ein.

Vergiss nicht, nach rund 8 Stunden Fahrt auf dem Campingplatz **Camping Le Futuriste** (S. 160) zu pausieren.

Von Bordeaux geht es weiter Richtung Spanien. Du überquerst den Fluss Garonne und fährst durch die Stadt und über die A630/E70 weiter gen Süden Richtung E5/Bayonne/Bassin d'Arcachon. Nach 5 Kilometern biegst du rechts auf die A63, der du 181 Kilometer bis zur spanischen Grenze folgst. Dann geht es durch das spanische Baskenland vorbei an San Sebastian und Zarautz. Hinter Zarautz folgst du der Autobahn AP-8 vorbei an Bilbao, Santander und Torrelavega bis nach Gijón. Auf der Strecke fährst du stets parallel zur Küste. Überlege, ob du dir nicht ein wenig länger Zeit nehmen willst, um die asturisch-kantabrische Küste zu erkunden. Hinter Gijón kannst du auf dem Campingplatz **Camping Perlora** eine Rast oder auch einen längeren Zwischenstopp einlegen *(Carretera Gijón-Candás, s/n, 33491 Candás, Asturias, Tel. +34 9 85 87 00 48, campingperlora.com/, 43.583452, -5.757083)*. Die Lage des Platzes ist unschlagbar: Er liegt auf einer kleinen Landzunge.

Insider-Tipp

Tennis mit Aussicht

Wenn du Fan des weißen Ballsports bist, kannst du hier die Filzkugel mit Blick aufs Meer dreschen.

Wann immer es dir beliebt, brichst du wieder auf Richtung Portugal. Immerhin hast du noch 495 Kilometer vor dir! Es geht wieder auf die Autobahn A8. Dem Straßenverlauf folgst du nun 201 Kilometer. Kurz vor dem Dorf Baamonde fährst du auf die A-6 Richtung Santiago/A Coruña. 46 Kilometer später biegst du ab auf die AP-9 Richtung A Coruña/Santiago/Ferrol und nimmst nach 2,5 Kilometer die Ausfahrt auf die E-1/AP-9 Rich tung Santiago. Dem Straßenverlauf folgst du 145 Kilometer und passierst Santiago de Compostela, Pontevedra und Vigo. Danach nimmst du die Ausfahrt auf die A-55 Richtung Portugal. Sobald du den Fluss Minho überquerst, hast du die portugiesische Grenze passiert und landest automatisch auf der Autobahn A3. Der A3 folgst du weitere 34 Kilometer und fährst dann auf die A27, die dich nach Viana do Castelo bringt.

Herzlich willkommen, *bem vindo*, am Ziel und am Startpunkt deiner Reise durch Portugal!

ANGEKOMMEN

Auf dem letzten Reiseabschnitt geht es bei Ponte de Lima in Richtung Viana do Castelo

Adventure Kids

Experten-Check von
PaulCamper

Coole Spiele für lange Fahrten

Ich packe meinen Koffer

Der Erste startet mit dem Satz „Ich packe meinen Koffer und nehme mit ..." und nennt einen Gegenstand. Reihum fügt ihr nun immer eine weitere Sache hinzu, müsst aber immer alle anderen bisher genannten Dinge davor aufzählen. Wer sich irrt, scheidet aus. Wie viele Dinge schafft ihr, in eueren Koffer zu packen?

Wort an Wort

Ein Mitspieler beginnt, indem er ein Wort nennt. Legt euch dabei auf eine Kategorie fest: Tiere, Berufe oder Orte. Wenn ihr euch auf Tiere einigt, könnt ihr zum Beispiel mit „Elefant" anfangen. Der nächste Spieler muss dann ein Tier mit dem letzten Buchstaben dieses Worts nennen, hier mit t, zum Beispiel „Tiger". Ihr könnt es noch ein bisschen schwieriger machen, indem ihr zusammengesetzte Wörter nutzt. Zum Beispiel „Bauherr" – „Herrenhaus" – „Haustür" und so weiter. Wem nichts mehr einfällt, scheidet aus.

Wer bin ich?

Dabei denkt sich einer von euch eine Person aus. Lebend oder verstorben, echt oder erfunden – vor allem bekannt soll sie sein. Die anderen müssen erraten, welche Person man im Kopf hat. Als Antworten sind nur „Ja" oder „Nein" erlaubt. Statt „Bist du eine Zeichentrickfigur oder eine echte Person?" heißt die Frage also „Bist du eine Zeichentrickfigur?".

Entdeckungsreise Portugal

Welchen Tieren bist du im Urlaub bereits begegnet?

- ○ Gecko
- ○ Iberischer Wolf
- ○ Lusitano-Pferd
- ○ Ichneumon
- ○ Chamäleon
- ○ Esel

Das Portugal-Quiz

1. Wie heißen die traurigen Lieder, die man in Portugal spielt?

   ____

   Fado

2. Wie nennt man das süße runde Küchlein aus Blätterteig?

   ____

   Pasteis de Nata

3. Was wächst in der Natur, das man essen kann?

   ____

   Feigen, Orangen, Macadamia-Nüsse, Oliven, ...

4. Welches hellbraune, elastische Material, z. B. für Pinnwände, produziert Portugal?

   ____

   Kork

Portugal ist bekannt für kunstvolle Keramikfliesen mit blauen Malereien. „Azulejos" nennt man Bilder, die aus diesen bemalten Fliesen zusammengesetzt sind. Entwirf deine eigenen!

Gut zu wissen

Ärztliche Versorgung & Gesundheit

In Portugal besteht für alle gesetzlich versicherten Personen aus Deutschland Anspruch auf Behandlung. Die **Europäische Krankenversicherungskarte** (EHIC) sollte auf die Reise mitgenommen werden, um die Kostenübernahme eines Arztbesuchs sicherzustellen. Zusätzlich empfiehlt sich der Abschluss einer **privaten Auslandskrankenversicherung,** die diejenigen Risiken abdeckt, die nicht von der Krankenkasse übernommen werden. Auf der Website der deutschen Botschaft sind Krankenhäuser im Raum Lissabon aufgelistet.

Allgemeine Notrufnummer: 112

Apothekennotdienst: 118

Notrufnummer bei Vergiftungen: 8 08 25 01 43.

Diplomatische Vertretungen

Die **Deutsche Botschaft** in Lissabon steht telefonisch bei wichtigen Anliegen mit Rat und Tat zur Seite. Infos: lissabon.diplo.de/pt-de, Tel. +351 218 81 02 10, Mo–Do 7.30–16.45, Fr 7.45–13.45 Uhr. Außerhalb dieser Zeiten gibt es den Bereitschaftsdienst für Notfälle: Tel. +351 965 80 80 92, Mo–Do 16.45–24, Fr 13.45–24, Sa u. So 8–24 Uhr. Über diese Nummer kann man auch via WhatsApp oder SMS mit der Botschaft in Kontakt treten.

Einreisebestimmungen & Zoll

Die Einreise für deutsche Staatsangehörige ist mit einem Reisepass, einem vorläufigen Reisepass oder einem Personalausweis möglich. Die Kontrolle der Ein- und Ausfuhr von Waren erfolgt stichprobenartig an den Grenzen. Das Einführen von Pfefferspray ist strengstens verboten und fällt unter die Bestimmungen des Waffenschutzgesetzes. Zuwiderhandlungen werden in der Regel mit einer Geldstrafe oder einem Strafrechtsverfahren geahndet. Genaue Einfuhrbestimmungen sind auf der Website des Zolls zu finden: zoll.de/DE/Privatpersonen/Reisen/reisen_node.html

Gas & Strom

In Portugal wird wie in Deutschland 220 V Wechselstrom genutzt. Adapter für Steckdosen sind nicht notwendig. Kleine Gasflaschen und Kartuschen für den Camper gibt es in Supermärkten wie Intermarché oder bei Decathlon, größere an Tankstellen und in Supermärkten wie Continente. Spezielle Adapter sind für portugiesische Gasflaschen und ein neuer Barregler für große Gasflaschen notwendig, da das portugiesische nicht mit dem deutschen System kompatibel ist. Den Barregler erhält man beim Kauf der Gasflaschen. Das Austauschen von leeren gegen volle Gasflaschen ist nicht möglich.

Hunde

Hunde sind bei Portugiesen sehr beliebt, dennoch in öffentlichen Gebäuden, Geschäften und vor allem in Restaurants und Cafés strengstens verboten. In jeglicher Einrichtung, in der Lebensmittel angeboten werden, herrscht gesetzlich striktes Hundeverbot. Ausnahmen gibt es, wenn eine Gastronomie eine Terrasse besitzt. Dorthin darf man den Hund mitnehmen, sofern der Besitzer es erlaubt. Auch an vielen Stränden sind Hunde verboten, dies ist aber mit Verbotsschildern ausgezeichnet. Hunde benötigen bei der Einreise einen **EU-Heimtierausweis** mit u.a. einem Nachweis auf Tollwutimpfung.

Maut & Vignetten

Mehrere Autobahnen sind mautpflichtig und werden auch so ausgezeichnet. Bei der Einreise mit dem Camper muss kurz hinter der Grenze die Kreditkartennummer hinterlegt werden, damit die Maut elektronisch und ganz automatisch abgebucht werden kann. Dieses System nennt sich **Easy Toll.** Es ist besonders praktisch, denn so muss man erst gar nicht das Auto verlassen, sondern kann ganz bequem durch die Mautstationen durchfahren. Auf Autobahnen mit dem **Via-Verde-System** muss ein Mautticket gezogen und dann an der nächsten Mautstation mit Kreditkarte oder Bargeld bezahlt werden. Empfehlenswert ist es genügend Bargeld mitzunehmen, denn nicht an allen Mautstationen akzeptiert man Kreditkarten. Für längere Aufenthalte bis zu 90Tagen lohnt es sich, ein kleines elektronisches Gerät der Via-Verde-Autobahnen zu leihen, was in das Auto gelegt wird und mit dem beim Durchfahren der Mautstation

WAS KOSTET WIE VIEL?

Kaffee 0,80 €
für einen Espresso

Abendessen 8 €
für ein Steak mit Spiegelei, Pommes Frites und Salat

Diesel 1,42 €
für einen Liter Diesel

Bier 1 € für ein Glas Bier

Pastel de Nata 0,90 € für eine Pastel de Nata in der Bäckerei

Wein 2,5 €
für ein gutes Glas Weißwein

automatisch Geld vom Konto abgebucht wird. Das Gerät hat eine Leihgebühr von 6 € in der ersten Woche und weiteren 1,50 € in den folgenden Wochen. Es wird eine Kaution von 27,50 € erhoben, die bei der Rückgabe erstattet wird. Infos: viaverde.pt

Öffnungszeiten

Supermärkte sind sieben Tage die Woche geöffnet und das in der Regel von frühmorgens um acht bis abends um 21 Uhr. Auch die meisten Bekleidungsläden, Apotheken, andere Geschäfte und Einkaufshallen haben sonntags geöffnet. Aufgrund der stetigen Veränderungen während und nach der Coronapandemie, die immer noch anhalten, können die Öffnungszeiten von den in diesem Band angeführten abweichen. Ein Blick auf die Website hilft.

Insider-Tipp
Siesta-Zeit *Damit du beim Stadtbummel nicht vor verschlossenen Türen stehst: Die meisten Geschäfte und Restaurants halten mittags zwischen 13 und 15 Uhr eine Mittagsruhe.*

Parken, Abstellen & Freistehen

In Stadtzentren werden in der Regel Parkgebühren fällig. Der Parkschein sollte sichtbar hinter der Innenscheibe liegen und die Zeit nicht überzogen werden, um Strafgebühren zu vermeiden. An einigen Parkplätzen gibt es keine Parkuhren und man wird beim Einfahren auf den Parkplatz von einem inoffiziellen Parkwart eingewiesen. Beim Verlassen des Parkplatzes bezahlt man dem Parkwart eine kleine Gebühr, um seine Dienste wertzuschätzen, denn so wurde der Camper immerhin die ganze Zeit bewacht. Grundsätzlich ist das Freistehen nicht erlaubt, aber es wird großzügig geduldet, sofern man sich benimmt, keinen Abfall hinterlässt und den Camper nicht dauerhaft parkt.

Post

Die Post heißt in Portugal Correios und hat täglich bis auf sonntags geöffnet. Hier wird sich nicht in der Schlange angestellt, sondern eine Wartenummer am Automaten gezogen und dann solange gewartet, bis man an der Reihe ist und zum Schalter darf.

Reisezeit & Wetter

In Portugal herrscht gemäßigt-maritimes Klima, was warme Sommer und milde

EINSAM

Am Stausee von Montargil kannst du auf jeden Fall deine Campingruhe genießen

Winter bedeutet. Dennoch gibt es einen starken klimatischen Unterschied zwischen dem Norden und dem Süden des Landes. Im Norden rund um Porto ist es vergleichsweise kühl und nass, während im Süden ein mediterranes Klima herrscht. In den Sommermonaten Juli und August klettern die Temperaturen an der Algarve auf die 30-Grad-Celsius-Marke und die tägliche Sonnenstundendauer beträgt 12 Stunden. Problematisch an der Hitze ist vor allem die extreme Trockenheit, die an der Algarve und im Hinterland zu Waldbränden führt. Im Winter scheint an der Algarve mit Temperaturen um die 14 Grad Celsius ewiger Frühling zu herrschen. In der Region rund um Lissabon geht es etwas gemäßigter zu als an der sonnenverwöhnten Algarve. Die Winter sind etwas kühler und regnerischer als im Süden. Grundsätzlich ist Portugal ganzjährg ein wunderbares Reiseziel, denn es gibt für jeden das perfekte Klima. Im Norden geht es etwas kühler zu, in der Region um Lissabon ist es mild und im Süden warm. Wer allerdings im Frühling, Herbst und Winter auf Nummer sicher gehen will, der sollte sich für die Algarve entscheiden, denn im Rest des Landes kann das Wetter launisch, grau und regnerisch sein.

SICHERHEIT & WARNHINWEISE

In größeren Städten und touristischen Zentren sollte man sich vor Diebstählen und Kleinkriminalität in Acht nehmen. Es ist ratsam, wenig Bargeld mitzuführen und wichtige Dokumente wie Führerschein oder Personalausweis an einem sicheren Ort aufzubewahren. Bei der Reise mit einem Camper empfiehlt es sich, einen Safe in das Wohnmobil einbauen zu lassen und den Bus nicht an einsamen Orten alleine stehen zu lassen.

Strände

Zur Hauptsaison von Juli bis August sind an den Stränden Badezonen markiert, die von Rettungsschwimmern bewacht werden. Außerdem gibt es die übliche Flaggenkennzeichnung mit der blauen, gelben und roten Flagge zur Einschätzung der Badebedingungen. Ist die rote Flagge gehisst, gilt Badeverbot!

Tempolimits & Verkehrsregeln

Innerorts gilt die Geschwindigkeitsbegrenzung von 50 km/h, außerorts sind es 90 bis 100 km/h. Auf der Autobahn gilt ein Tempolimit von 120 km/h. Für Fahranfänger, die den Führerschein erst unter einem Jahr besitzen, gilt außerorts auf Landstraßen und auf Autobahnen eine Geschwindigkeitsbegrenzung von 90 km/h. Alle Personen im Auto müssen sich anschnallen. Das Handy am Steuer zu nutzen ist verboten und es darf nur mit Freisprechanlage telefoniert werden. Bei Missachtung kann dies bis zu 120 € kosten. Im Kofferraum sollten ein Warndreieck und eine Warnweste mitgeführt werden. Bei der Alkohol-Promillegrenze gilt 0,5 Promille, aber man sollte grundsätzlich gar nicht trinken und dann Autofahren. Alles, was über diese Grenze hinausgeht, wird mit Geldbußen, der Abnahme des Führerscheins oder Gefängnis bestraft.

Toiletten

In fast allen Orten gibt es öffentliche Toiletten, die umsonst benutzt werden können. Auch in Supermärkten, wie im Intermarché, Lidl oder Aldi kann man kostenfrei die Toiletten nutzen.

Waldbrände

In den trockenen und heißen Sommermonaten sind Waldbrände eine große Gefahr. Vor allem der Süden und das Hinterland sind betroffen. Auf der Webseite *fogos.pt* können alle aktuellen Waldbrände inklusive der Gefahrenstufe eingesehen werden. Wird ein noch unbemerkter Waldbrand entdeckt, muss dieser sofort bei der Feuerwehr unter 112 gemeldet werden.

Wasserquellen

In ganz Portugal gibt es Wasserquellen, die Trinkwasserqualität haben und genutzt werden können. Außerdem können die zahlreichen alten Waschhäuser hervorragend zum Auffüllen von Wasserkanistern genutzt werden. Ein anderer guter Tipp ist das Wasser der Supermarktkette Intermarché. Kauft man dort für 20 € ein, bekommt man auf Nachfrage einen Bon, mit dem man an der Camperstation seinen Wassertank auffüllen kann.

Wildcampen & Naturschutz

Das Wildcampen jenseits von Campingplätzen ist grundsätzlich nicht mehr erlaubt und wird nur noch selten geduldet. Seit der Coronakrise fand Wildcampen immer mehr Anklang, sehr zum Ärger der Anwohner, die sich dagegen in Bürgerinitiativen zur Wehr setzten. Seit dem 18 Juli 2021 sind Übernachtungen in zugelassenen Wohnmobilen nur noch für einen Zeitraum von maximal 48 Stunden erlaubt. So lauten die Änderungen im Artikel 48 und 50-A der portugiesischen Straßenverkehrsordnung. Weiterhin gilt natürlich, dass das Wildcampen in Schutzgebieten, in Gebieten die unter Küstenentwicklungspläne fallen und auf Flächen des Natura-2000-Netzwerks verboten ist. Verstöße können mit Geldstrafen bis zu 300 € geahndet werden. Auf keinen Fall sollte man sich mit Tischen, Stühlen und Wäscheleinen häuslich niederzulassen, auf jeden Fall Müll und das eigene Geschäft ebenso entsorgen, wie man es auch bei Hunden tun muss. Außerdem bitte nur dort parken, wo die Natur nicht beschädigt wird. Das heißt konkret: Nicht mitten in der Landschaft parken und auf bereits bestehenden Wegen entlangfahren.

Wohnmobilvermietungen

Es gibt ein riesiges Angebot an Wohnmobilvermietungen. Dazu zählen Paul Camper, Hanggtime, Snailhouse Campervans, Siesta Campers oder Atlantic Coast Campers.

Zeitverschiebung

Portugal wird in der Weltzeitzone in die **West European Time** eingeordnet. Im Winter gibt es keine Zeitverschiebung. Im Sommer wird die Uhr eine Stunde vorgestellt, sodass die Differenz zur Weltuhr eine Stunde beträgt (UTC+1). Der Zeitunterschied zwischen Portugal und Deutschland beträgt eine Stunde. Bei der Einreise wird die Uhr eine Stunde zurückgestellt.

SCHÜTZENSWERT

Beim Campen in der freien Natur hat das Aufräumen und Entsorgen des Mülls oberste Priorität

Feste & Events

AUSGELASSEN

Mittelalterfeste, wie hier in Santa Maria da Feira, sorgen überall in Portugal für fröhliche Stimmung

Februar

Carnival: Karneval wird in Portugal groß und im ganzen Land gefeiert– traditionell vom letzten Freitag vor der Fastenzeit bis zum Fastnachtsdienstag.

Insider-Tipp
Wie Karneval in Rio

Vor allem in Lissabon und an der Algarve finden spektakuläre Paraden wie in Brasilien statt.

März

Semana Santa: Die Heilige Woche beginnt am Palmsonntag und endet am Ostersonntag. Mit großen Festen und Umzügen wird landesweit an die Kreuzigung und Auferstehung von Jesus Christus gedacht. Vor allem in Braga und São Brás de Alportel wird Ostern besonders ausgiebig gefeiert.

International Sand Culpture Festival (Pera): Auf 15.000 Quadratmetern findet an der Algarve in Pera jährlich das internationale Sandskulpturenfestival statt. Aus 40.000 Tonnen Sand entstehen detailreiche Skulpturen, die teilweise bis zu zwölf Meter hoch sind.

Mai

Festa das Cruzes (Barcelos): Das Festival der Kreuze ist die größte jährliche Veranstaltung in Barcelos. Das Fest stammt ursprünglich aus dem 16. Jahrhundert und war bis zum 19. Jahrhundert rein religiös. Heute ist es ein eher weltliches Fest mit Paraden von Einheimischen in Volkstracht, Zirkusaufführungen, Pferderennen und Feuerwerken.

Juni

Arraial Pride (Lissabon): Seit 1966 findet jährlich die Schwulenparade in Lissabon statt. Es wird ausgiebig gefeiert, getanzt und getrunken.

Juli

Boom Festival (Idanha-a-Nova): Das internationale Musik- und Kulturfestival ist landesweit bekannt und beliebt und findet jährlich in Idanha-a-Nova, kurz hinter Castelo Branco, im Hinterland statt. Hier treten Bands, Künstler und DJs mit Rang und Namen auf und verwandeln das Festivalgelände zur größten Party des Landes.

August

Medieval Festival (Óbidos): Einmal jährlich wird die Mittelalterburg in Óbidos zum Schauplatz des größten Mittelalterfestivals Portugals. Es gibt Marktstände, Theaterstücke und Musik ohne Ende. In mittelalterlichen Gewändern wird bis ins Morgengrauen gefeiert.

Feira Nacional do Cavalo (Golegã): Golegã ist die Pferdehauptstadt Portugals und wird mit Pferden in Verbindung gebracht, seit Portugals zweiter König im 12. Jahrhundert dort ein Gestüt hatte. Heute kommen Tausende von Besuchern zur zweiwöchigen Feira Nacional do Cavalo, um die portugiesische Lusitano-Zucht zu feiern. Es gibt Wettbewerbe, Essen und Wein.

FEIERTAGE

1. Jan. *Ano Novo*, Neujahrstag

19. April *Sexta-feira Santa*, Karfreitag

21. April *Páscoa*, Ostersonntag

25. April *Dia da Liberdade*, Tag der Freiheit

1. Mai *Dia do Tabalhador*, Tag der Arbeit

10. Juni *Dia do Portugal*, Portugaltag

20. Juni *Corpo do Deus*, Fronleichnam

15. Aug. *Assunção de Nossa Senhora*, Mariä Himmelfahrt

5. Okt. *Implantação da República*, Errichtung der Republik

1. Nov. *Todos-os-Santos*, Allerheiligen

1. Dez. *Restauração da Indepedência*, Wiederherstellung der Unabhängigkeit

8. Dez. *Imaculada Conceição*, Mariä Empfängnis

25. Dez. *Natal*, Weihnachten

Camper-Packliste

CAMPINGAUSRÜSTUNG

- ○ Gasflasche (und ev. Gasinhaltsmesser)
- ○ Frischwasserkanister
- ○ Abwasserschlauch
- ○ Kabeltrommel
- ○ Campingstromadapter
- ○ Auffahrkeile oder Holzbretter als Stütze
- ○ Sanitärflüssigkeit für Campingtoilette (falls vorhanden)
- ○ Toilettenpapier
- ○ Campingstühle und -tisch
- ○ Markise und Vorzelt
- ○ Heringe und Gummihammer
- ○ Handfeger und Schaufel
- ○ Decke und Kopfkissen, alternativ Schlafsack
- ○ Wäscheleine und -klammern
- ○ Campingleuchte oderLaterne
- ○ Taschenlampe oder Stirnlampe
- ○ Taschenmesser
- ○ Duct-Tape
- ○ Handwaschmittel
- ○ Mückenspray, Sonnencrem
- ○ Nagelset (inkl. Pinzette)

Zusätzlich

- ○ MARCO POLO Straßenkarte(n)
- ○ Grill (Koffergrill oder Gasgrill)
- ○ Hängematte
- ○ Decke
- ○ Kartenspiele
- ○ Mehrfachsteckdose
- ○ USB-Adapter für Zigarettenanzünder
- ○ Powerbank

SICHERHEITSAUSRÜSTUNG

- ○ Reiseapotheke
- ○ Verbandskasten (Ablaufdatum beachten)
- ○ Warndreieck und -weste (1 pro Person)
- ○ Feuerlöscher
- ○ Ersatzreifen
- ○ Wagenheber und Radkreuz
- ○ Ersatzkanister und Einfüllstutzen
- ○ Motoröl
- ○ Starthilfekabel
- ○ Abschleppseil
- ○ Werkzeugkasten
- ○ ev. Ersatzglühbirnen und -sicherungen

CAMPINGKÜCHE

- ○ Küchenutensilien
- ○ Kühlbox (wenn kein Kühlschrank eingebaut)
- ○ Töpfe, Pfannen
- ○ Besteck inkl. Kochlöffel, Teller, Tassen, Gläser
- ○ (Brot-, Schneide-) Messer
- ○ Tupperdosen (für Reste)
- ○ Sieb
- ○ Reibe
- ○ Dosenöffner
- ○ Flaschenöffner, Weinöffner
- ○ Alufolie
- ○ Schere
- ○ Geschirrtücher, Spülmittel, Lappen, Küchenrolle
- ○ Topflappen
- ○ Müllbeutel
- ○ Kaffeekocher
- ○ Feuerzeug, Streichhölzer

NAHRUNGSVORRAT

- ○ Salz, Pfeffer, Gewürze (z. B. in kleinen Gläsern)
- ○ Öl, Essig
- ○ Kaffee, Tee
- ○ Müsli, Cornflakes
- ○ Brot, Aufstriche
- ○ Vorratslebensmittel (Nudeln, Reis, Linsen)
- ○ Gemüsekonserven: Tomaten, Mais, Kidneybohnen
- ○ Notration Essen (z. B. Dosenravioli)
- ○ Getränke

Fahrzeug-checkliste

Experten-Check von
PaulCamper

LÄNGERFRISTIG

- ○ Gasprüfung gültig?
- ○ Grüne Versicherungskarte gültig?
- ○ HU/AU (Haupt- und Abgasuntersuchtung) gültig?
- ○ Auflaufbremse geprüft (Fachwerkstatt)?

MITTEL- & KURZFRISTIG

- ○ Was tanken (Benzin/Diesel)?
- ○ Beladungsgrenze/-zustand?
- ○ Welche Reifen für die Destination nötig?
- ○ Winter- bzw. Sommerreifen montiert?
- ○ 12-V-Kabel vorhanden?
- ○ Profiltiefe der Reifen gecheckt?
- ○ Ölstand gecheckt?
- ○ Kühlmittelstand gecheckt?
- ○ Reifendruck gecheckt?
- ○ Öl, Kühlwasser und AUS 32/AdBlue bei Dieselmotor zum Nachfüllen vorhanden?
- ○ Ladezustand Starterbatterie und Wohnraumbatterie gecheckt?
- ○ Toilette an Bord und entleert?
- ○ Wassertank vorhanden und gefüllt?
- ○ Wasserpumpe funktioniert?
- ○ Gasvorrat vorhanden?
- ○ Markise/Sonnensegel/Regenalternative vorhanden?
- ○ Vorzelt nötig?
- ○ Wohnwagen: Elektrostecker funktionieren (Bremslichter und Co)?

VOR DER ABFAHRT

- ○ Dachluke geschlossen?
- ○ Fenster zu?
- ○ (Stand-)Heizung aus?
- ○ Markise eingefahren und gesichert?
- ○ Kühlschrank verriegelt und auf 12 V umgestellt?
- ○ Alles vom Tisch geräumt und gesichert?
- ○ Schubladen/Schränke sicher geschlossen?
- ○ Tische und Stühle sicher verstaut?
- ○ Herdabdeckung zu?
- ○ Gasventil geschlossen?
- ○ 230-V-Kabel getrennt und eingepackt?
- ○ Wasserpumpe abgeschaltet?
- ○ Abwassertank geschlossen?
- ○ Trittstufe eingefahren?
- ○ Stützen eingefahren und Keile verstaut?
- ○ Wassertankdeckel verschlossen?
- ○ Handbremse gelöst?
- ○ Heckgarage abgeschlossen?
- ○ Alle Mitfahrer inklusive Hund an Bord?

Dann kann's losgehen!

Camper-Wörterbuch Portugiesisch

Höflich sein

Hallo / Tschüss Olá / Tchau
Danke / Bitte Obrigado/a / de nada
Entschuldigung Desculpa/e
Wie heißt du / Wie heißen Sie? Como te chamas / se chama?
Mein Name ist ... Chamo-me ...
Wie geht es dir / Ihnen? Como estás / está?

Einkaufen

Bäckerei padaria
Drogerie drogaria
Einkaufszentrum centro comercial
Markt mercado
Metzgerei talho
Supermarkt supermercado

Einkaufsliste

Alufolie papel de alumínio
Bier / Wein cerveja / vinho
Brot pão
Butter / Margarine manteiga / margarina
Essig / Öl vinagre / óleo
Eier ovos
Gemüse legumes
Marmelade / Honig compota / mel
Milch leite
Müsli muesli
Nudeln / Spaghetti massa / esparguete
Obst fruta
Käse queijo
Toilettenpapier papel higiénico
Wasser água
Wurst / Fleisch enchidos / carne
Ich hätte gerne ... Eu queria ...
Wie viel kostet das? Quanto custa isso?
Bargeld / Kreditkarte em dinheiro / cartão de crédito

Gesund bleiben

Apotheke farmácia
Arzt médico
Desinfizieren desinfetar
Desinfektionsmittel desinfetante
Durchfall diarreia
Fieber febre
Halsschmerzen dores de garganta
Kopfschmerzen dores de cabeça
Krankenhaus hospital
Krankenwagen ambulância
Krankenversicherung seguro de saúde
Pflaster adesivo
Schmerztabletten analgésico

Unterwegs

Abschleppen rebocar
Autobatterie bateria de carro
Autobahn autoestrada
Baustelle obras
Benzin gasolina
Benzin bleifrei gasolina sem chumbo
Bremslicht luz de travão

Diesel gasóleo
Ersatzreifen pneu sobressalente
Führerschein carta de condução
Getriebe caixa de velocidades
Luftdruck pressão do pneu
Maut portagem
Öl óleo
Ölwechsel mudança de óleo
Panne avaria
Parkplatz parque de estacionamento
Reifen pneu
Reifenpanne pneu furado
Sackgasse beco sem saída
Schotterpiste estrada de cascalho
Starthilfekabel cabo de arranque
Strafzettel multa
Tankanzeige indicador de combustível
Tankstelle estação de serviço
Temperaturanzeige indicador de temperatura
Umleitung desvio
Wagenheber macaco (hidráulico)
Warndreieck triângulo de sinalização
Wassertank tanque de água
Werkstatt oficina
Zoll alfândega

Auf dem Campingplatz

Abwasser águas residuais
Batterie pilha
Brennspiritus gel combustível
Campingplatz parque de campismo
Dosenöffner abre-latas
Dusche duche
Flaschenöffner abre-garrafas
Frischwasser água limpa
Gabel garfo
Gasflasche botija de gás
Gaskocher fogareiro a gás
Geschirrspülbecken lava-louça
Grillen grelhar
Grillkohle carvão
Hammer martelo
Hering estaca para tenda
Hunde erlaubt / nicht erlaubt cães permitidos / não permitidos
Kerze vela
Korkenzieher saca-rolhas
Lagerfeuer fogueira de acampamento
Leihen emprestar
Löffel colher
Messer faca
Müll lixo
Petroleumlampe candeeiro a petróleo
Pool piscina
Schlafsack saco-cama
Schmutzwasser água suja
Sonnencreme protetor solar
Steckdose tomada
Streichholz fósforo
Strom corrente
Stromanschluss ponto de luz
Taschenlampe lanterna de bolso
Taschenmesser canivete
Toilette casa de banho
Trinkwasser água potavel
Vorzelt toldo
Wäscheklammer mola da roupa
Wasser (kalt / warm / heiß) água (fria / morna / quente)
Wasseranschluss ponto de água
WLAN wi-fi
Werkzeug ferramenta
Wohnmobil autocaravana
Wohnwagen caravana
Zelt tenda

Urlaubsfeeling

Playlist

▶ **Rubel – Quando bate aquela saudade**
Banjo, Gitarre und Akkordeon ergeben den perfekten Folkloresong für eine Fahrt zum Meer.

▶ **Capitão Fausto – Amanhã tou melhor**
Die fünfköpfige Band ist der portugiesische Star in Sachen Indierock. Gute Laune garantiert!

▶ **La Gardère – Camila Casali**
Die noch unbekannte Lissabonner Band ist ein Geheimtipp für alle Alternative-Pop-Fans!

▶ **Xutos & Pontapés – A minha casinha**
Ein absoluter Klassiker der Rockband, den wirklich jeder Portugiese kennt.

▶ **Churky – Pente fino**
Der Song hat Potenzial zum ultimativen Urlaubssong, denn hier kannst du trotz Sprachbarriere schnell mitsingen und abgrooven.

Den Soundtrack zum Urlaub gibt's auf **Spotify unter MARCO POLO Portugal**

Bücher & Filme

Die Portugiesische Küche. A Cozinha Portuguesa – In dem schön illustrierten Kochbuch aus dem Jahr 2014 beschreiben Rita Cortes Valente de Oliveira und Alexandra Klobouk traditionelle und moderne Gerichte Schritt für Schritt. Allein die vielen Bilder und Illustrationen erzeugen Portugal-Heißhunger.

Korkesel & Sardinenblüte: Handbuch für den Urlaub in Portugal – Die ideale Lektüre von Christina Zacker aus dem Jahr 2015 beschreibt allerlei Nützliches und Witziges über das Leben in Portugal.

Movement – A journey into creative lives – Die Dokumentation von 2018 berichtet über das Leben und die Passion verschiedenster Menschen in Portugal: vom Surfer über den Kletterer und den Weinanbauer bis zum Segler. Unglaubliche Landschaftsaufnahmen und Gänsehautmomente sind inklusive.

Nachtzug nach Lissabon – Bille Augusts Film von 2013 zum gleichnamigen Buch von Pascal Mercier, in dem der Hauptdarsteller mit Portugals Geschichte, dem Sinn des Lebens und der Liebe konfrontiert wird. Wunderschön, genau wie Lissabon!

Websites, Videos, Blogs & Apps

portugalforum.org
Das Webportal der größten deutschsprachigen Community mit allen wichtigen Dingen rund um das Leben in Portugal.

Meo Beachcam App
Ganz bequem per Video-Livestream den Strand nach Wetter, Wellen oder Menschenmenge abchecken.

thefork.pt
Auf der Website kannst du nach Restaurants suchen und vorher online einen Tisch reservieren.

visitportugal.com
Die offizielle Website für Touristen mit allen nützlichen Infos zu einer Portugalreise.

fogos.pt
Im Sommer kann es immer wieder zu Waldbränden kommen. Diese Website zeigt die aktuellen Waldbrände und Gefahrenstufen an.

portugalist.com
Dieser Blog gibt zahlreiche authentische Informationen und Insidertipps für das Leben in Portugal. Von Restaurantempfehlungen über Portugiesisch lernen bis zu Sehenswürdigkeiten, die man nicht verpassen sollte. (Englisch)

lisboacool.com
Tolle Tipps, traumhafte Bilder – dieser Blog zeigt dir das moderne Lissabon! Hier werden die trendigsten Cafés, Restaurants, Bars und die coolsten Plätze zum Relaxen vorgestellt. (Englisch)

WEGTRÄUMEN?

Mit Playlist, Lesestoff und Filmen den Urlaub aufleben lassen

MARCO POLO
Digitale Extras

TOUREN-DOWNLOAD

Alle Touren aus diesem Band als gpx-Download zur einfachen Orientierung

marcopolo.de/camper-guide/portugal

Trendziele, Inspiration und aktuelle Infos findest du auf **marcopolo.de**

Du findest uns auch auf Instagram und Facebook!

PLAYLIST ZUM ROADTRIP

Den Soundtrack für deinen Urlaub gibt's auf Spotify unter MARCO POLO Portugal

Code mit Spotify-App scannen

Alle Infos zum digitalen Angebot unter

marcopolo.de/app

Notizen

Notizen

Notizen

Register

Register

Stell- & Campingplätze

Tour A

Tour B

Tour C

Tour D

Tour E

Impressum

Titelbild: Volkswagen T1 Bulli an Steilküste, Alentejo (laif: S. Pfütze)
Fotos: DuMont Bildarchiv (10, 140); Freepik.com (12); iStock.com: anyaberkut (156/157), apomares (175), Bee-individual (176), GMVozd (Klappe hinten innen), Koldunov (181); K. Körfgen (17, 17, 17, 17, 17, 17, 17, 17, 199); laif: F. Guiziou (6), S. Pfütze (16, 62); Mauritius Images: S. Azenha (163); Shutterstock.com: ajcabeza (126), Alice-D (169), AsesVorazes (51), M. Azevedo e Castro (84), G. Berlin (32), C. Bird (139), C. Caetano (124), I. Carmo (98), Discovod (152), Dontbe_chay (150), B. Dorin (86), ESB Professional (90), ESCF (4), evadeb (148), I. Filimonov (81), Fulcanelli (82), H. Geert (66), Giancana (26), M. Gimmnich (104), O. Granko (72), joyfull (14), J. Kruger (70), U. Laganovskis (109), Landscape Nature Photo (96), O. Laparoto (25), D. Liu (128), Lux Blue (56), L. Marmelo (77), B. Marty (64), J. C. Munoz (40), J. Noguera photography (100), OlliFoolish (154), I. Pires (93), PIXEL to the PEOPLE (122), A. Pustynnikova (13), Renata Photography (36), D. Ribeiro (113), M. Rodrigues (135, 144), A. Rotenberg (78, 118), D. Rui (42), saiko3p (34), H. P. Schwerin (Klappe vorne), A. Shilov (60), B. I. Silva Alves (20, 172), A. snezhinskij (68), Socialtruant (94), Sopotnicki (44, 136), streetflash (110), Z. Tarlacz (146), I. Tichonow (88), trabantos (29, 46), TravelNerd (102), Tsuguliev (30), N. Tsuleva (171), N. Valente Fotografia (114), K. Victor (9), M. Villafane (15, 116), Visual Cortex (38), VVargas (120), L. Zimilena (130), O. Znamenskiy (58), Zyryane (55)

2., aktualisierte Auflage 2024

Autorin: Katharina Körfgen
Lektorat & Bildredaktion: Susanne Schleußer, derschönstesatz
Kartografie: KOMPASS-Karten GmbH, kompass.de unter Verwendung von © OpenStreetMap Contributors, osm.org/copyright
Gestaltung Umschlag & Layout: Sofarobotnik, Augsburg & München

Printed in Italy

MIX
Papier | Fördert gute Waldnutzung

Lob oder Kritik? Wir freuen uns auf deine Nachricht!

Trotz gründlicher Recherche schleichen sich manchmal Fehler ein. Wir hoffen, du hast Verständnis, dass der Verlag dafür keine Haftung übernehmen kann. Wir freuen uns aber, wenn du uns schreibst:
MARCO POLO Redaktion • MAIRDUMONT • Postfach 31 51 • 73751 Ostfildern • info@marcopolo.de

MARCO POLO AUTORIN
Katharina Körfgen
Portugal ist für sie das Land der Freiheit, der Abenteuer und der Wellen. Seit rund drei Jahren lebt die Autorin mit ihrem Hund Balu in einem ausgebauten Citroen Jumper namens Bolle an der Küste Portugals. In ihrem kleinen Van-Office arbeitet sie freiberuflich als Vollzeitjournalistin. Sobald der PC zugeklappt wird, geht's rauf aufs Surfbrett und rein in die portugiesischen Wellen!

Bloß nicht ...

Campingequipment auf Parkplätzen aufbauen

Bei den Einheimischen gar nicht gerne gesehen ist das Aufbauen vom Campingtisch und -stühlen auf öffentlichen Parkplätzen oder an den Klippen. Daher lieber bis zum Campingplatz warten. So erspart man sich Ärger mit der Polizei und den Anwohnern.

ZU NAH AN KLIPPEN PARKEN

In Portugal besteht sehr oft die Möglichkeit, auf Klippen direkt am Meer zu parken. Aber aufgepasst, der Untergrund kann durchaus instabil sein. Besser nicht zu weit vorne parken und Absperrungen wahr- und ernst nehmen. Am Strand sollte man das Lager wegen lebensgefährlichem Steinschlag nicht zu nah an Klippen aufschlagen.

Pfefferspray mitnehmen

Bitte nicht mit Pfefferspray als Sicherheitsschutz nach Portugal einreisen! Das Spray fällt unter das Waffenschutzgesetz und wird bei einer Zollkontrolle mit Gerichtsverhandlung und Geldstrafe von bis zu 500 Euro bestraft.

Das Geschäft in der Natur hinterlassen

Auf einem Roadtrip gibt es nicht immer Toiletten nach Bedarf, sofern man kein stilles Örtchen an Bord hat. Also bleibt bisweilen nur der Gang ins stille Örtchen Natur hinter den nächsten Busch. Da man aber nicht der einzige Camper ist, sondern viele andere Reisende vor dem gleichen Problem stehen, sind viele Waldstücke, Büsche oder Dünen im wahrsten Sinne des Wortes „beschissen". Das ist weder für die Camper schön, die Gefahr laufen dort reinzutreten, noch für die Anwohner. Daher gilt: Nimm eine Schaufel mit und vergrabe alles oder stell dir vor, du hast einen Hundehaufen vor dir liegen, manövriere ihn schnell in eine Plastiktüte und dann ab damit in den Müll.

DEN MÜLL NICHT WEGRÄUMEN

Eigentlich sollte es eine Selbstverständlichkeit und ein Ehrenkodex unter Campern sein, den Abfall nicht liegen zu lassen. Aber leider kommt dies immer wieder vor. Daher denkt bitte daran, euren Stellplatz immer so oder noch sauberer zu hinterlassen, als ihr ihn vorgefunden habt.